NF文庫
ノンフィクション

「千羽鶴」で国は守れない

戦略研究家が説くお花畑平和論の否定

三野正洋

潮書房光人新社

まえがき

毎年八月の声を聴くと、新聞、テレビ、雑誌などの媒体は競うようにして太平洋戦争を取り上げる。例えば二〇二三年の場合、まずＮＨＫが、かつて日本の統治領であった南洋群島のサイパン、テニアン島の戦いを「〝玉砕〟の島　語られなかった真実」という番組で放送した。これをきっかけに続々と関連の番組が流れるが、このほとんどすべてが戦争の悲劇に関連するものである。

日本軍兵士については戦死よりも餓死者が多かったガダルカナル、インパール作戦の全容、学窓から徴兵され航空機による特攻で散った若き大学生たち、沖縄の戦いで一家全滅という憂き目を見た人たち、さらに広島、長崎で原爆の犠牲となった民間人の悲惨な状況が次々と紹介される。しかも戦争が終わってからも、中国大陸におけるソ連によるシベリア抑留、そして悪条件による多数の死者という状況もあった。

正直なところ、このようなあまりに痛ましい光景が次々に映し出されると、視聴する我々もあまりに気が滅入ってしまい、暗く重い精神状態におかれてしまう。

実際、昼間の強烈な日差し、寝苦しい熱帯夜のなかでどれだけの人々がこの時期この種の番組や記事に見入っているのだろうか。

取材、放送したスタッフは「当時の悲惨な生活の体験を語ってくれた人たちの貴重な証言を未来に残していくことは、自分の責務である」と考え、番組の製作に全力で取り組んできたのであろう。

これはこれで高く評価しなければならない、と頭の中では充分にわかってはいるのだが、多くの反発を覚悟の上で、全く別な考えが頭を過《よぎ》る。

戦争とはあまりに多くの悲劇を生み、人類にとって最悪の出来事であり絶対悪であり、二度と戦争を起こしてはいけない。

平和こそ、この世で最も大切にしなければならないことである。

この事実は、俗な言い方であるが、物心ついた子供でも充分に理解できる。それは広島、長崎の原爆慰霊碑に飾られた無数の色とりどりの千羽鶴によっても明らかである。

しかし――。

ここから著者の永年にわたる疑問が、大きな泉のごとく湧き出してくる気持ちをおさえることが出来ない。

これだけ競うようにして戦争の悲惨さ、残酷さが流布されていながら、次に示す主旨の番組、記事は皆無なのである。断言するが、著者の知る限り、戦後数十年の間全く見られない。それらは次のような内容である。
・戦争の勃発を防ぐ方法、手段について冷静に論じようとする番組、記事が製作され、なぜ流されないのか。
・歴史の上で継続している戦争が何らかの理由で停戦、あるいは休戦に至るが、そこにはどのような理由、原因があったのか。
・人類、あるいは一つの国の国民の努力が激しい戦争を止めることが出来たという実例はあるのか。そうであれば、どのような手段が有効だったのか。
・歴史上、〝どうしても必要な戦争〟は存在したのか。
若い時から戦史に興味を持ち続けている者の一人として、この点に関し、例年少しずつ積み重なる憤り、怒りを禁じ得ない。世の中の多くの識者や教育者は、全く疑問を感じないのであろうか。

誰も指摘しないのであれば、傘寿を超え、この世に存在する時間もわずかになった著者が行動を起こすほかないように思える。

これに関しては数十年前から強く思っていながら惰眠を貪っていた自身を少々恥ずかしく思いながら、この本を著した。

さらに世間の反発、非難を覚悟で記すが、子供たちが毎年多くの時間と努力を費やして作り続ける〝千羽鶴〟など、戦争の防止、停止、そして平和のためには全く役に立たない。

これは戦争に限らず、大災害からの復興のさいにも同様である。

東北大震災の折り、某地方自治体に寄贈された折鶴の数は膨大であり、数としてはとうてい数えられる量ではなかった。すべて被災地の復興、慰霊を目的に作られ一年で、ある資料ではそれは実に四トン近くにのぼったのである。しかしながらそのほとんどは飾る場所も貯蔵施設もなく、数ヵ月をおいて焼却処分にせざるを得なかった。

一部の人たちから非難されることを覚悟で記すが、災害地に送られた折鶴など迷惑でしかない。SNSで検索すれば数千、数万羽の鶴が大きなビニール袋に詰め込まれ、フォークリフトによって焼却炉に投げこまれる状況を見ることが出来る。

つまり折鶴は被災地に余分な仕事を押し付け、加えて環境の破壊にも繋がっている。

この事実に誰も触れようとしないのである。

また二〇二二年の冬に勃発したロシア・ウクライナ戦争でも、似たような事態が生じている。

日本から大量の紙の鶴が送られたのだが、まず現地ウクライナの人々にとってこれがいったい何を意味し何のために届いたのか、ほとんど理解されないままであった。ごく一部は日本人ボランティアによって説明がなされ、主旨が理解されたようであるが……。

それから間もなくそれらは片づけられ、焼却にまわされたと思われる。

戦争の無い世界の実現を祈って子供たちが鶴を折ることは、それなりに意味のあるような気もするが、これらが戦争の防止、戦闘の休止に役に立つ、あるいは立ったか否かは言うまでもないのである。

最後に、繰り返すが、同じ努力をするのであれば、何らかの有効な手段を考慮すべきと強調しておきたい。そのためには多くの戦争の勃発の原因、経過、終戦の状況と、その周辺の出来事を学ぶことが必須の条件なのではあるまいか。

そしてそれにより戦争の防止、戦闘の中止を実現するための手段を見つけ出すべきなのであろう。

その目的の達成のため、例え僅かであっても本書が役に立つことが、人生の黄昏を迎えつつある著者の望みなのである。

今現在、我が国の問題は自然災害からの復興、生活必需品の価格高騰などであるが、実は戦後最大の国家危機にさらされているように思える。

まず尖閣諸島への中国の侵略、そしてすぐ近くの台湾有事、高まりつつある南北朝鮮の軍事衝突である。これらの戦争は大きな前触れもなく突然勃発する。

このときいたずらに右往左往するのではなく、あらかじめ一応の知識を持ち、自分なりの対応策を考えておく必要がありそうだ。

本書ではそのさいの必要事項に関して触れている。例えば自衛隊の定員に対する人手不足などである。最新の兵器を揃えたところで、それを用いる人員が二〇パーセントも不足していては有事の際戦うことが出来ない。今のところ政府はその事実に対して何も手を打とうとしていない。ともかくそこにある危機は我々の都合の良いように待ってくれないのである。

そのため、必要と思われる情報を記載しているのも、本書の存在価値と言えるかもしれない。

「千羽鶴」で国は守れない——目次

第2章　国連は戦争を止めることができるのか

第3章　こうして戦争は幕を降ろした

第4章　戦争に関するエピソード

第5章　継続中の戦争を止めるための提案

「千羽鶴」で国は守れない

――戦略研究家が説くお花畑平和論の否定

第1章 日本の国防をめぐる問題

この章では我が国の防衛に対する根本的な部分について述べる。なんといっても基本的には憲法第九条の自衛隊に関する〝欺瞞〟の解消ではあるまいか。

これを正しい形に戻さなければ、編成、整備、保有兵器に関しても不都合が残る。それから人手不足の解消などすぐにでも改正されるべき問題が山積である。さらに在日米軍との交渉、協力体制など〝有事〟のさいの取り決めなど、打ち合わせは行なわれているのであろうか。さらに海自、海保の本格的な共同訓練など一度も実施されていないのではないか。このような事柄に関してできるかぎり問題提起をしておきたい。

その1　戦後、日本に〝戦死者〟は存在したか

第二次世界大戦、太平洋戦争が幕を閉じて八〇年近くが過ぎた。そこでまずその最初の話題として「戦後のわが国に〝戦死者〟は存在したのか」を探ってみたい。その前に近隣諸国ソ連／ロシア、中国、南北朝鮮、台湾の戦争に関して触れておく。

○近隣諸国の戦争

・ソ連／ロシア：朝鮮戦争参戦戦死者一六〇名、中ソ国境紛争同五〇〇名、東欧諸国ハンガリーの反乱介入三〇〇〇名、アフガニスタン侵攻一・五万名、西アジアチェチェン紛争介入五〇〇〇名、ウクライナ侵攻一〇万名。

・中国：国共内戦九〇万名、台湾海峡の戦い五〇〇〇名、朝鮮戦争一〇万名、ベトナム戦争一〇〇〇名、中ソ国境紛争一〇〇〇名、中越戦争一万名。

・韓国：朝鮮戦争一〇〇万名、ベトナム戦争五〇〇〇名、北との衝突五〇〇名。

・北朝鮮：朝鮮戦争一〇〇万名、ベトナム戦争二〇〇〇名、南との衝突五〇〇名。

・台湾：国共内戦九〇万名、台湾海峡の戦い五〇〇〇名、台湾国外戦五〇〇〇名。

また国内の衝突による大量の犠牲者はどのように考えるべきか。

数値は資料によって大きく異なるが、主としてワールドアルマナック、イギリス戦争研究所などを参考にしている。

このように近隣諸国は戦後いくつかの戦争、紛争を経験し多数の戦死者を出している。これらの国々と異なり日本は幸運にも戦死者を出さずに戦後八〇年近く過ごしてきたわけであるが、皆無というわけではない。すでに歴史のなかに埋没しつつあるが、ただ一人の戦死者、戦没者から話をはじめたい。

○唯一の戦死者

朝鮮戦争たけなわの一九五〇年一〇月、アメリカ軍を中心とする国連軍は半島東海岸に港湾都市元山（ウォンサン）への上陸を企てていた。北朝鮮軍はこれを予想し元山港に大量の機雷を敷設していた。そのためこの掃海作業を実施するに当たって米海軍は誕生したばかりの日本海上保安部に協力を要請し、海保は一三隻からなる特別掃海部隊を編成、作業に取り組む。

一〇月一四日、そのうちの一隻ＭＳ14号が作業中に触雷、沈没する。これにより行方不明一名、負傷者一八名を出してしまった。この行方不明者中谷坂太郎二一歳はのちに死亡が確認され、戦後唯一の戦死者となった。政府は太平洋戦争の戦没者と同様に扱った。彼は敵弾に倒れたわけではないが、敵の機雷によって死亡しているので戦死者とされるべきであろう。

○敵弾による負傷

もうひとつこの出来事では戦死者は出ていないものの、その可能性がきわめて大きかったのが二〇〇一年一二月二二日に勃発した「九州南西海域工作船事件」である。日本の領海に潜入した高速の漁船に偽装した北朝鮮の工作船を海自の哨戒機が発見、連絡を受けた海保の巡視船四隻が拿捕すべく追跡を開始する。その後工作船と巡視船は時化た海上で互いに重機関銃による銃撃戦を展開した。日本の軍事組織が敵に向けて実弾を発射したのはこのケースが唯一の例である。

工作船はのちに自爆沈没に至るが、その前にZPU14・5ミリ機関砲弾を巡視船いなさに命中させている。またRPGロケット擲弾二発を発射したがこれは命中していない。機関砲弾によりいなさの乗員三名が負傷したが、幸いにも死者は出なかった。もし出ていればこれこそ敵弾による戦死であった。

さらにRPGが船体に命中していれば、この火器は威力の大きな対戦車ロケット砲であるから巡視船は無事では済まなかったはずである。

この洋上の銃撃戦で、日本側に戦死者が出なかったのは幸運のひとことにすぎる。現在でも我々は沈没後引き上げられた工作船の船体や、銃弾で破損したいなさのブリッジを海保の展示場で見ることが出来る。

のちの調査で、この三〇〇トン級の工作船の武装の状況が明らかにされた。

・乗組員一五名
・速力四〇ノット
・9K310小型汎用ミサイル×二
・八二ミリ無反動砲×一
・軽機関銃×四
・重機関砲×四
・RPGロケット砲×二

巡視船の発砲が迅速に行なわれたため、これらの武器の大部分が使われなかったことが日本側の損傷、人的被害を最小にとどめたのである。もし北側が早々に反撃を試みていたら何隻かの巡視船は単装、人力操作の二〇ミリSSエリコン機関砲一門だけではとうてい太刀打ちできなかったに違いない。

万一、例え一隻にしろ巡視船が撃沈され戦死者が出た場合、その後の海保の対策はどのように強化されたのか、興味あるところである。

この北の工作船来航の目的は薬物、覚醒剤の運び込み、日本人の誘拐などと見られたが、これらを阻止するには実力行使以外にない。しかしこの工作船阻止の行動について共産党、及び朝日新聞は行き過ぎた実力行使と非難の論陣を張っている。彼らにそれではどうすればよかったのか、ぜひ尋ねてみたい。この一部の意見など日本と言う国の安全保障に関し、呆れ果てるばかりであった。

その２　憲法九条と自衛隊

法律に違反すれば罰せられるが、憲法に違反しても問題はないという現実。

一九五四年六月二日、政府はそれまでの大日本帝国憲法に代わる新日本国憲法を批准した。どのような理由からか、今でもこの新憲法の起草者あるいは起草グループは判明していない。第九条の第二項は数十年にわたって国民の間に議論を巻き起こしている。

今回はこれに関して整理したいと思う。

第二項の内容は次の三点からなっている。

Ａ：戦争の放棄。国家の政策として戦争を一切放棄する

Ｂ：戦力として陸海空軍は一切これを保持しない。あらゆる戦力の不保持

Ｃ：交戦権の否認。国の交戦権は一切これを認めない

実際には文頭のアルファベットはついていないが、説明の便宜上添付している。こ

れを読んだ場合、Aに関しては国民の誰もが納得するだろう。現在の我が国が好んで戦争をする必要など皆無でその可能性も全くない。問題はB項の戦力の保持である。現実の問題として、陸海空三軍からなる自衛隊が存在するからである。この自衛隊という呼称もあくまで通用するのは国内だけで、ソマリアなどの国際共同行動となれば、海自はごく普通に自らをジャパニーズネイビーと呼称している。

この軍事組織自衛隊の戦力は海外の研究機関の格付けによると、核を含めた戦力として一八位前後。核を除くと七あるいは八位と言う強力な軍事力ということになる。兵員総数二五万名、戦闘車両一〇〇〇台、戦闘機三〇〇機、艦艇五〇隻と言う数字は間違いなく世界有数の軍事力／戦力と言うことになるが、普通に考える限り誰が見ても憲法違反であることはあまりに明確である。我が国の最高裁判所は、

「自衛のための戦力は、憲法に示すところの戦力には当たらない」

という判断を出しているが、これなどあまりにご都合主義の一言に尽きる。日本と言う国は自ら憲法違反を犯し、国民もそれを容認しているというのが現実である。またC項にも明らかに違反している実態がある。

これは前述、二〇〇一年一二月二二日に勃発した九州南西海域工作船事件である。領海侵犯、薬物大量密輸、邦人誘拐などの目的で沿岸に現われた武装した工作船との

間で緊迫した銃撃戦が勃発した。この時日本の海上保安官三名が負傷している。またこの銃撃戦で工作船はロケット弾などを発射、日本側も二〇ミリ砲弾を発砲している。つまり歴とした戦闘でありＢ項の交戦権の否認の違反と言うことになる。

ここで疑問に感じるのだが、我が国の場合、刑法、法律に違反したときには当然刑罰、処分が下されるわけだが、あきらかに憲法に違反しても処分は一切受けないと言う事実である。

九条の二項Ｂに反して、戦力を保持しても同じに抵触して交戦しても、前者では自衛隊の最高指揮官である首相および海保の長官になんらかの処分が下されたとは聞いていない。

それでは何のための憲法なのか、と問いたくなるのもしごく当然であろう。

実現や運用が不可能な憲法の存在自体が間違っていると言う以外に無い。国の基本となる憲法を国が守っていないのである。

そうであれば自民党の歴代総理が、時々思い出したかのように発言する憲法改正が必須となる。

また世界には一七〇という独立国が存在するが、戦力を持たずに済ませている国は人口数万人の都市国家を除くとコスタリカ、アイスランドくらいである。どちらの国も軍隊を持っていないが大国アメリカと協定を結び、いわゆる有事の際には支援が得られるような約束をしているのであった。

このような事実から筆者は、一刻も早く偽りの憲法を改正すべきと考える一人である。繰り返すが法律に違反すれば刑法上の罪を問われる。しかし明らかに憲法に違反してもなんら責任、あるいは罪を問われることもなく済んでしまうと言う現実をどのように解釈すれば良いのか。

その3　日本にとって徴兵制度は必要か

我が国ではほとんど忘れかけている言葉に徴兵がある。これは国家が法律によって国民に兵役を課す制度である。大戦の終了までは一八歳になる男子は全員が徴兵検査を受けて兵役に就いた。その期間は平時にあっては二、三年であった。

現在国連加盟国の数は二〇〇ヵ国近いが、その中の六十数ヵ国が徴兵制度をとっている。ただしその形には種々あって、国によって千差万別である。

・男女両方に兵役が有る国：イスラエル、スウェーデン、マレーシアなど八ヵ国
・全員を登録して必要に応じて徴兵する国：アメリカ、カナダなど
・兵役六ヵ月、あるいは社会奉仕九ヵ月を選択できる国：オーストラリアなど
・徴兵の期間が極めて永く男性一〇年、女性七年と言う国：北朝鮮
・適齢者全員からくじ引きで徴兵する国：タイなど

といった具合である。さらに近年ドイツ、フランス、台湾などは、永く続けてきた

徴兵制を取りやめ、すべての兵科で志願制としている。とくに有事の可能性が指摘されている台湾が徴兵制を止めているのは驚きである。

それにしても我が国の場合、近い将来徴兵制が復活する可能性はあるのだろうか。法律的にはまず不可能だが、別な面から検討する必要がありそうだ。

その理由は自衛隊の定員不足である。現在定員は二四万七〇〇〇名だが、在籍者は二二万八〇〇〇名と二万名近く不足している。さらに問題はそれだけではなく若年隊員の減少で、中間、高位の隊員は充足していても、実際に前線で必要な若い隊員の不足は著しい。とくに長い海外勤務などがある艦艇の乗組員が欠かせない海上自衛隊の入隊希望は極めて少ない。新型艦船は続々就役しているものの、その定員の少なさに驚かされる。政府もいろいろ手を打ってはいるが折からの少子化と言う状況もあって、このままでは自衛隊の戦力そのものが弱体化していくばかりのような気がしている。今後思い切って勤務条件を大幅に改善しないと、護衛艦は出港できず、戦闘機の稼動率は低下するばかりとなろう。

そこでアメリカ、タイなどのように抽選による徴兵はいかがであろうか。

高校卒業生から二〇代の若者たちについて、きわめて高い待遇で徴兵する。例えば二年の兵役を終えれば、その後大学への入学を認めると共に学費の免除など、あるいは三桁万円の金額の退職金など。またアメリカのように大学生に向けた予備役将校訓練課程（ROTC）など考慮する必要があるのではないか。この制度はアメリカ軍を裏面から強力にサポートしており、優れた人材発掘方法としても極めて有効である。ROTCの資格を得た学生は卒業後二年間軍務につき、その後は社会人として暮らしながら有事の際には士官として兵役に就く。

意欲のある大学生は在籍のままで奨学金をもらいながら、軍事知識を得ることが出来る。アメリカの多くの大統領、政治家、経済人たちが、この制度で国を支えているのであった。軍隊としては有事の際には初級訓練を終えた若い兵士が即刻入隊するので、新たな訓練の必要が無く、即戦力化が可能なのである。概してアメリカの大学学費はかなり高額なので、この制度は大学生にとっても極めて有益なのであった。

日本でも経済的に大学に行くことが困難な青年も少なからずいると思われ、この制度が作られれば、自衛隊の定員不足もかなり解消するはずである。

その4　在日米軍とは

ここでは日頃あまり気に留めない日本に存在する唯一の軍隊組織在日米軍について記述する。また自衛隊があるではないか、と言われるが、厳密に言えば憲法上あれは軍隊ではない。

アメリカ軍が我が国に駐留する根拠は

・日米安保条約第六条

・日米地位協定

という二つの条約が根拠になっている。

国内にいるアメリカ軍人の数は、軍人五・五万人、家族、文官を加えると九万人である。

彼らが国内の基地、司令部などの一三〇ヵ所に駐留していて、核を除いたアメリカ軍の総戦力の一〇パーセントを構成している。総司令部は都下横田基地にあり、最高司令官は中将位となっている。

具体的な戦力としては空軍一・三万名、海軍七〇〇〇名、海兵隊一・五万名が中心で、陸軍戦力は二五〇〇名と弱体。これは有事のさいであっても、日本本土で地上戦が勃発する可能性は低いと見ているからであろう。米軍としてはもし極東地域で戦争が起こるなら、やはり朝鮮半島と信じているようである。

日本国内で、米軍基地に反対する運動が時たま起きているが、このほとんどが沖縄である。また米軍も沖縄では土地の八割近くを使用している。これは地勢的に当然であることは、地図を見れば明らかである。かつては北海道も戦場になる可能性が囁かれたが、ロシアの弱体化がそれを完全に打ち消してしまった。

さて我々は在日米軍をどのように見ているであろうか。多くの反発を覚悟で記せば、強力なガードマンと考えているのではあるまいか。しかも自国の防衛力をはるかに上回るガードマンの出張所が、在日米軍の基地とは言えないだろうか。本社は世界最強でアメリカにある。いったん有事となればハワイ、グアムからの援軍も期待できる。

ところでこのガードマンの警備費用だが、これは日本側からは「思いやり予算」と言う形で支払われている。その額は二〇二二年度で八四〇〇億円である。防衛予算の総額が約八兆円であるから、約一〇分の一に相当する。また我が国の消費税を除く納税者は約一億人であるから、国民一人当たり一年に八〇〇〇〇円をアメリカ軍に支払っているという見方も出来る。この額が高いのか、安いのか、これは個人の考え方による。

結局これに納得できるかどうかは、先の安保条約を認めるかどうかにかかっている。つまり在日米軍の存在を認めるかどうか、一九六〇年のこの条約の更新のさいには、学生、労働組合員による大規模な反対運動が勃発、これがいわゆる安保闘争で死者まで出ている。それでも国民の六割が更新に賛成であった。

現在では尖閣諸島を巡る中国の圧力、北朝鮮のミサイルによる恫喝もあって、安保に対する賛成（現状維持）派は新聞報道などによると九割に達すると推測される。憲法改正の議論のさい、これも確認する必要がありそうだ。

在日米軍は日本のために血を流すか。

万一の有事のさい在日米軍は、日本と言う国のために血を流してまで戦うのだろうか。

ある状況を想定してこの問題について述べてみたい。

突然数十隻の中国漁船に紛した船団が尖閣諸島に接近、数百人の武装した兵士が上陸する。彼らはすぐに中国国旗を掲げ、同時に居住のための恒久的な建造物を造り始める。

日本政府は即座に強く抗議するが、中国側は聴く耳を持たない。一週間後、日本側はまず海上保安庁、続いて自衛隊の艦船、水陸機動団と言った戦力を送り、実力で中国部隊の排除にかかる。ここに中国海軍と海上自衛隊の武力衝突が発生した。日本にとって太平洋戦争以来の軍事行動である。

このような場合、アメリカ海軍は日本側に立って戦うだろうか。余談ながらアメリカは日頃から尖閣諸島は日本の領土であり、安保条約の適合範囲と述べているのである。

この交戦で数は多くなくても日本側に死傷者が出るようであれば、アメリカは介入すると考えられる。

もしこのような戦闘を傍観するとなれば、韓国は在韓米軍を、ドイツは在独米軍を信用しなくなり、アメリカの国際的な戦略は根本から見直しを迫られる。

さらにNATO諸国からの信頼も失い、アメリカの存在そのものさえ、失われると思われる。

しかし尖閣の場合でも、日本側が書面による抗議だけでお茶を濁そうとするならば、この状況でアメリカが介入することは絶対にない。

アメリカが介入し血を流すのは、それ以前に当事国である日本の本格的な抵抗が行なわれた、という事実が確認されたのちの事である。

結論として在日米軍が闘うのは、日本が血を流す決意を示した後なのである。

このあたり安保条約よりも強制力が厳しいのが、北大西洋条約機構である。この条約では加盟国が攻撃を受けた場合、他の加盟国は一丸となって反撃しなければならないと決められている。したがってウクライナがNATOに加盟していれば、ロシアは同国を侵略しなかったと思われる。ヨーロッパの三十数ヵ国が敵に回るのだから。国際条約とは時によって国の存亡を左右するものなのである。

この事実もあって我々は一度、安保条約の各項目を熟読する必要がありそうだ。こうなると沖縄の新基地辺野古の造成も急ぐ必要がある、普天間基地からの移転計画も、辺野古に決まるまで実に二〇年を要している。さらに基地が完成し、航空機が配備され、本格的な運用が始まるまでこのあとまた二〇年近くかかると言われている。構想から実現まで実に四〇年！　このような緩慢な状況でも、これまで我が国も安全が担保されている現状を見ると、本当に我が国も幸運に感謝しなければならないような気になる。

南シナ海の不安定化が進む中、ベトナム、ブルネイ、インドネシア、フィリピンなど異なり、これまでは領土を奪われる心配が軽くて済んできたが、台湾有事を含んで今後はこのままで無事に済むとはとうてい思えない。そうなると現実的に安保条約の重要性が強調されるのであった。

その5　自分は戦争に行くか

戦前と異なり現代の日本では今のところ、徴兵制度の存在はあり得ない。しかしロシア・ウクライナ戦争のニュースを見ていると、歴史的に若者が戦場に行く可能性は皆無ではない。

このことから日本の青年が兵士として戦場に行く場合を考えてみたい。戦前のごとく徴兵されて戦争に行く場合は逃げることなど普通では不可能である。その一方で、戦前でも一部の青年はいくつかの方法で徴兵を逃れようとしたらしい。この話は当時であっても〝都市伝説〟に近かったと思われるが。

・徴兵検査の直前醤油を大量に飲んで体調不良を装う
・わざと人差し指を切り落とし、徴兵を逃れる
・わざわざ悪所に通い、性病に罹患する

など。たしかに日米戦争の場合なら、祖国を守ろうと軍隊を志願する青年も多かっ

たはずだが、それ以前の日中戦争（支那事変）など普通に考えても戦う意味が全く解らない。日本本土の三〇倍近い中国に攻め入って勝利したところで、日本と言う国はその後何をしようとしていたのか。

これといった産業もなく、得るべき農作物も多くなく、民度も高いとはいえないだっぴろい土地を、多くの犠牲を払って手に入れたところで何のメリットもない。太平洋戦争以前の日中戦争、いわゆる支那事変で日本は年ごとに少なくとも一・五万名の死傷者を出していたが、得るものは何もなかった。

当時にあってこのような戦争で、死ぬのはまっぴらごめんと多少でも当時の状況を冷静に見ていた若者は感じていたに違いない。死ぬことの意味が解らないのである。反対に終戦間際、焦土と変わりつつある郷土の現状を目の当たりにすれば、自分は戦闘機に乗って戦い、この故郷を守りたいと決心したはずである。

これは現在のロシア・ウクライナ戦争に関しても言える。祖国の危機が迫れば、ウクライナの若者たちは銃を手にすることにあまりためらいはないと思う。

一方ウクライナで戦うロシアの青年たちは、死を賭してまで戦う自分たちの命に価値を感ずるだろうか。

母国に存亡の危機が迫っているわけではなく、極めて曖昧な指導者が主張する危機感にあやつられて前線に赴いている。

例え筆者であってもとうてい志願してロシアの軍隊に入る気にはならない。まさに〝無駄死に〟に近い気がする。

世界の若者と比較して我が国の場合、愛国心、または自国のために闘おうと考える者は極端に少ないと言われている。またこの種の調査と、現実の危機の存在の場合とは大きく異なるから、一概に今の状況が悪いとは言えないのだが。

筆者の場合、他国から理不尽な侵略が行なわれたときには、出来る範囲で抵抗するつもりと考えている。それがどのような形か、現実になってみないとわからないが……。

平和を満喫している我が国だが、一度このような世の中を想像してみるのも必要なのではあるまいか。

。ある一人のアメリカ青年の死

自分の信念に従って祖国のために生命を賭して戦いながら、祖国と国民に裏切られて自らこの世を去った一人の青年にスポットを当ててみる。その理由は、祖国のために闘うということに意味があるのかどうか、我々に問いかけているように思えるからである。

一九六八年、一人のアメリカの青年が大学を中退し、世界最強と言われる海兵隊に志願した。アメリカの軍隊はほとんど徴兵制によっているが、海兵隊だけは全員志願制である。彼、Ｊ・スミスは当時広く流布したいわゆるドミノ理論を信じていた。共産勢力の拡大は著しく、ベトナム戦争の激化に並行して、東南アジア全体が共産化するという事態である。

社会主義国の北ベトナムが、南ベトナムを手始めにラオス、カンボジアなどに魔手を伸ばし、アメリカはそれをなんとしても阻止する必要がある、という考えであった。さもないとこの地域は短時間のうちにすべてが赤く染まってしまう、と考えられていた。

スミスは海兵隊で厳しい訓練を受け、それを終了すると激しい戦いが続くベトナムに派遣された。とくに激戦が続く中部ベトナムで、強力な北ベトナム正規軍とラオスに近い山岳地帯で死闘を繰り返す。多くの共産兵を倒した代償に一緒に闘った彼の友人、同僚は戦死し、ある者は体の一部を失うほどの傷を負っている。祖国から数千キロも離れた密林の戦場でスミスは永い期間血みどろの戦いを経験したのであった。

そのころアメリカ本国をはじめ世界のあちこちで、ベトナム戦争反対の声が大きくなり始めていた。

とくにアメリカでは若者を中心に反戦運動が本格化している。しかし前線の兵士たちはそれとは無縁のまま殺し合っていたのである。

そして一九七二年末、アメリカは長引く戦争に嫌気がさし、あとを南ベトナム政府軍に託して、この戦争から撤収することを決定した。いわゆる〝ベトナム化〟政策である。

それに伴い海兵隊も兵士たちを徐々に本国に戻し始めた。スミスも一九七三年のはじめ、泥と血にまみれたベトナムの戦場を離れ、祖国に帰還をはたす。基地で手続きを終え、初めて町に出た時、衝撃的な出来事が待っていた。一人の若い女性が走り寄ってきて、小さな茶色の紙袋を彼に差し出した。一人になった彼が袋を空けてみると入っていたのは犬の糞であった。女性は反戦運動家であったと思われる。

これを見た途端、若いアメリカ青年の神経は完全に引き裂かれた。アメリカと世界平和に向けて死に物狂いで戦い、多くの仲間のうちある者は死に、ある者は傷を負う。そのような経験をしたアメリカ人がなんとか生きて祖国の土を踏んだ瞬間、一部のアメリカ人はその功績に犬の糞を渡したのである。

基地に戻るとすぐにスミスは退役を申し出る。その時の手当てを元に彼はワシントン州の深い森の中に小さな小屋を建てて、一人で暮らし始めた。実家に戻ってみても、周囲の隣人たちはすべてベトナム戦争反対と言う意見で、彼に向かって「なぜ無駄な戦争に協力したのか」となじる始末である。これらの状況からもはや彼はこのアメリカになんの価値を見いだせなくなっていたのである。

森の中の小屋で一緒に暮らしていたのは大きな犬のジョージだけであった。人里に下りてくるのは最低限の買い物のときだけで、森の静寂と忠実なジョージだけが彼の日常の友であった。森に籠って二年目、犬が病気で死んでから一週間後、スミスは小屋の梁で首を吊り、祖国と彼の人生に別れを告げた。

これがアメリカの国是に忠実に行動し、さらに東南アジアの共産化を阻止するために努力したアメリカ生まれの青年の一生であった。

この状況から我々はなにを読み取るべきなのであろうか。

このような事実を知ると、なにがあっても我々は戦場に赴くべきではないと思ってしまう。

ここではアメリカのベトナム戦争の例を掲げたが、実際のところ本当に人々が命を賭して戦う価値のある戦争は存在するのであろうか。

日本が体験した中国大陸における日中戦争、二五〇万人の犠牲者を出した太平洋戦争などに闘う価値があったのだろうか。

やはりはっきり言えるのは大戦直前のソ連によるフィンランド侵攻の〝冬戦争〟、大戦後の中東におけるイスラエル独立戦争などは、もし敗れれば祖国が消滅する可能性をひめているので、戦う価値がある。

それでは現在のロシア・ウクライナ戦争はどうなのであろう。

ウ側にとっては自由主義を守れるかどうか、と言うことであろうが、ロシア側では西側陣営の包囲から逃れるため必要な戦争なのかもしれない。

しかし歴史的に見てほとんどの戦争は、あまり命を賭ける必要はなさそうである。

だからこそ戦争は、なんとか勃発せずに済ませるような努力が必要なのである。

その６　結局もっとも確実な安全保障は核武装か

周辺諸国、とくに北朝鮮は常に核による恫喝を行なっている。各種の弾道ミサイルに加えて最近では、極超音速型の巡航ミサイルの開発さえ終了したと発表している。

これらのミサイルに搭載されるのはいうまでもなく核弾頭である。通常弾頭では普通に使われる一トン爆弾ほどの威力しかない。

我が国は迎撃ミサイルを主力に、近頃では退避施設を巡る議論で対応しようとしている。ＰＡＣ３型を中心とするＡＡＭ（迎撃ミサイル）の効果だが、これは、

・あらかじめ時間的にある程度発射のタイミングが把握できる場合
・発射が一、二発程度の場合：複数の同時迎撃は不可能
・弾頭が一つだけの場合：多弾頭への対処は不可能

には効果が期待できるかもしれないが、先の三項目をひとつでも外れたらどうしようもない。

せいぜい地下鉄あるいはビルの地下室に逃げ込む以外、対抗手段はない。

しかし日本も核武装すれば、攻撃を受ける可能性は極端に少なくなる。このような考え方をもとに、実践しているのがイギリス、フランスである。

この国家の方針に関しては、ここ数十年政府が代わっても、また国民投票が行なわれても変更はない。この状況を見ていこう。

核武装の戦力はトライアドと呼ばれる三本の柱からなっている。
・核爆弾を搭載し敵国の内部まで侵入する戦略核爆撃機
・ＩＣＢＭと呼ばれる大型の大陸間地対地ミサイル
・核ミサイルを搭載した原子力潜水艦
である。現在のところトライアドを保有しているのはアメリカ、ロシア、中国の三ヵ国のみで、イギリス、フランスも一時はこの仲間入りを狙ったが、あまりに莫大な費用を要することから最後の核ミサイル原潜のみに絞った。どう考えても英仏両国を攻撃しようなどと考える国など存在するとは思えないのだが、それでも両国の政府、国民共に核ミサイル原潜が必要である、と信じている。

その結果、別表に示すようにそれぞれの国は自国製造の原潜と核ミサイルを持ち、実戦配備しているのである。しかも四隻を揃えているが、この数は必要、最小限とみている。

一隻目：核弾頭を用意し実戦配備
二隻目：戦略予備
三隻目：訓練研究
四隻目：整備

イギリスの場合、潜水艦に搭載するミサイルはアメリカと共通だが、フランスは莫大な費用を費やし国産品（核弾頭も潜水艦発射型のミサイル〈ＳＬＢＭ〉も）となっている。

両国ともこの核武装に関しては、戦略核制限条約、核拡散防止条約と言った国際的な核廃棄の動きには耳を貸さず、独自の道を歩み続けている。

なお蛇足ながら英仏に加えてドイツ、イタリアなどの通常兵器による防衛力は我が国と比較してかなり小さい。

核ミサイル原潜を保有するとなると多額な費用が必要だが、反面、通常戦力の大幅削減が可能となるのであった。

広島、長崎を経験している我が国の核武装など、まず国民の同意を得ることは現実として難しいが、英仏の現実を知る必要もあるのではあるまいか。

それでは見方によっては、最も確実な国防論である核ミサイル原潜に関する話題をもう少し続ける。

別表のごとく英仏が保有するこの種の最終兵器はバンガード級もルトリオンファン級も、寸法性能など互いによく似ている。ただ次の点で大きく異なる。

イギリスの核原潜がアメリカの技術に大きく依存しているのに対して、フランスのそれはすべて自国の技術によっていることである。

例えば攻撃兵器であるイギリスの潜水艦発射戦略ミサイルD5は、アメリカが開発配備しているトライデントそのままである。

一方フランスのＳＬＢＭ（潜水艦発射型弾道弾）に関しては潜水艦そのもの、ミサイルM51型、核弾頭まで全て純フランス産なのである。一見豊富な文化遺産を誇り平和国家に見える同国が、広島型原爆の三〇倍も威力の大きな核爆弾まで製造しているとは、世界の人々もあまり気が付いていないと思われる。

さらに四隻の核潜水艦の保有と維持、運用の費用を知りたいところで英、仏、日の国力を調べてみた。最も基本となるＧＮＰだが、どちらの国も我が国の半分程度である。この事実から、日本が同様の兵器を持つことは、あくまでも経済という面からだが容易に可能であることがわかろう。

英仏の戦略ミサイル原潜

	イギリス	フランス
クラス名	バンガード	ル・トリオンファン
同型艦数	4隻	4隻
水中排水量	10600t	14300t
全長	150m	138m
全幅	13m	12.5m
原子炉	PR＝1基	加圧型1基
推進器	ポンプジェット	ポンプジェット
出力	27500馬力	41500馬力
水中速力	25kt	25kt
乗員数	135名	111名
魚雷発射管	4門	4門
弾道ミサイル	トライデントD5	M51型
ミサイル数	16基	16基
就役年	1993年	1997年
仮練艦	ドレッドノート級	—
母港	クライド基地	ロング基地
トライデントの射程は11000キロ、M51は8100キロ。核弾頭の威力は1発あたり約400キロトン。広島型の30倍である。		

核の保有と言うことに関して国民がどのように考えるかが、問題ではあるが、日本がＳＬＢＭの所有に踏み切れば、少なくとも北朝鮮による核ミサイルによる恫喝はなくなるはずなのである。

また最初に述べたトライアドに関しても、大西洋、太平洋に身を隠し運用される原潜を見つけ出すことは実質的に不可能で、その状況からもＳＬＢＭこそ最良の国防力あるいは絶対平和の守護神であると言えるのであった。

その7　海上自衛隊と海上保安庁の連携について

我が国の周辺海域の安全を守る組織は二つ存在し、それらは海上自衛隊／海自と海上保安庁／海保である。それぞれの組織の概要を表に示す。

日頃感じているのは、この二つの組織の任務は重複している部分も多いと思われるということだが、両者の連携は充分であろうか。先にかかげた南北朝鮮、尖閣有事、台湾有事のときには、いうまでもなく両者の任務はオーバーラップするはずである。

しかし組織の設立以来半世紀以上にわたって、両者が本格的な共同訓練をしたことが一度でもあったであろうか。両者の観艦式などには別な組織からわずか一隻が顔見世をかねて参加しているが、複数の両者の艦船が互いに連絡をとりながら共同行動を行なうことなど皆無である。有事となれば、日本の民間輸送船を護衛し、その安全を図る必要性などたびたび発生するはずである。

例えば台湾有事のさい、中東から原油、オーストラリアから天然ガスを運ぶ輸送船は言うまでもなく台湾の東海上を航行する。そうなると戦闘に巻き込まれるケースも出てくる。

したがって船団護衛は必須である。この場合護衛は海自、監視救助は海保の担当となるであろう。しかし共同行動したことがなければ、互いにどのように動けばよいのかわからないままである。

まず通信、さらには暗号の共通化に始まり、救助作業の役割分担などあらかじめ打ち合わせておくべき事柄は無数にある。だいぶ以前だが海自、海保の船名に同じものが多く、通信の際に齟齬をきたす可能性が指摘されている。これはだいぶ解消されてはいるが、現在でも何隻か残っている。中でも国内の本部と艦船、あるいは艦船同士の通信の共通化はすぐにでも必要であろう。

また数隻の民間船のコンボイを使って、実際に護衛する訓練を実施してみてはどうであろうか。速度も遅く運動性の鈍い大型タンカーの護衛など、実際にやってみなければ見当もつかない。

先の大戦時、日本海軍はこれを怠り、アメリカの潜水艦、航空機により大きな損害を受けている。もともと当時の軍人は派手な海戦と違って、戦果も上がらず地味な船団護衛などやる気がなかったのであろう。太平洋戦争における商船乗組員の戦死者数

海上自衛隊と海上保安庁の比較

	海上自衛隊	海上保安庁
予　算（億円）	1兆6500	2200
人　員（名）	45300	14538
艦艇数（隻）	100	474
航空機数（機）	190	90
最大の艦船排水量（t）	20000（かが）	7200（しきしま）
監督官庁	防衛省	国土交通省

は、海軍の軍艦乗組員のそれを上回っている事実を忘れるべきではない。

中東、オーストラリアからのエネルギー輸送に問題が起これば、すぐに我が国の危機に直結する。この事実を無視することはできない。

早々にも計画を立てて海自と海保のいろいろな面での連携と打ち合わせを実施し、合わせてコンボイ・エスコートの訓練に着手するべきである。

さらに尖閣有事にあたっても両者の協力は必須と記しておきたい。さもないといざ問題発生となってからでは確実に手遅れなのである。

その8　武器輸出をめぐる議論

世界の先進各国の、とくにグローバルサウス諸国への武器輸出は一向に減ることはない。

アメリカ、ロシア、中国、イギリス、フランスなどに加えて近年韓国、北朝鮮なども輸出の傾向が著しい。

一九六〇年代に多発したアフリカの国々の紛争で一〇代の少年たちが、ＡＫ－47と言った高性能な自動小銃を持って徘徊している光景を見ると確かに武器輸出を看破できない気がする。アフリカの発展途上国の場合、これらの銃器を製造することはとうてい不可能であるから、どこかの国の〝死の商人たち〟が売り込んだに違いない。この状況を知ると武器の輸出など、許されるべきではないと痛感するが、実際には次に述べる諸点から簡単に禁止と叫ぶべきではないようである。

1．中立国の武器輸出　平和を志向する国々も稼いでいる我が国の中では平和国家として評価されている中立国スイスとスウェーデン。両国とも先の世界大戦に参加することなく、無事に国家を存続させている。しかし実際には国民皆兵、強度な戦力を維持し、唯我独尊の道を歩いている。その反面同時に武器の輸出では大戦前から稼ぎに稼いでいる。

・スイス　もともと精密機械工業国として知られているが、中口径のエリコンFF二〇ミリ機関砲を合わせて四〇ヵ国に売りさばき莫大な利益を生んだ。例えば日本海軍の零戦が装備した九九式二〇ミリ機関砲もこのエリコンの流れを引いている。

・スウェーデン　こちらも過去から現在まで兵器大国である。その代表的なものはボフォース六〇口径四〇ミリ機関砲で、一九三一年頃の開発ながら幾つかの国の軍隊では今でも現役の兵器となっている。輸出あるいは現地生産で、とくに大戦中のアメリカでは実に六〇〇〇門もライセンス生産された。従ってこのさいもスウェーデンは多額のライセンス料を受け取ったはずである。つまりどのような国家であろうと儲かるとなれば、ごく普通に武器輸出に手を染める。

このことが〝悪〟だとは全く考えていないのである。

2・トヨタ戦争とはなんだったのか　また兵器とはなにか、と言う疑問

我が国は法律によって武器の輸出を制限している。それではこの場合はどのように

各国の兵器輸出額　2020年

国　　名	輸出額（100万ドル）
アメリカ	14515
フランス	3021
ロシア	2820
中国	2017
イタリア	1825
ドイツ	1510
イギリス	1504
スペイン	950
イスラエル	831
ポーランド	452
トルコ	398
オランダ	295
韓国	209
スイス	175
カナダ	171
イラン	123
ベルギー	121
チェコ	116

出典：ワールド・バンク資料

考えるべきであろうか。

一九八〇年代の終わり頃、アメリカ、イギリスの新聞数紙が〝トヨタ戦争勃発〟と大きく報じた。トヨタとは我が国の自動車会社である。

一九八六年一一月から翌年の九月まで、北アフリカの二つの国（リビアとチャド）が国境付近の領土問題、支配体制の不満が原因で激しく戦った。

このさい、前者は約一〇〇〇台、後者は七〇〇台のトヨタの四輪駆動車ランドクルーザーとハイラックスを軍用車として改造し、戦力の中心にした。頑丈なトヨタ車の荷台に鉄骨で足場を設け、この上にアメリカ製のＡＮＭ２、あるいはソ連製のＺＳＵ重機関銃を載せ、機動性のよい戦闘車両を製造したのである。この総数は二〇〇〇台近かったと推測される。

これ以後、民間車両を利用したこの種の戦闘車は〝テクニカル〟と呼ばれて発展途上国の紛争、戦争で大活躍している。たしかに装甲板などは備えていないが、その分軽快で、踏破性も高く、安価で入手し易いのである。とくにイスラム過激派のイスラム国（ＩＳ）はハイラックス小型トラックを重要視し、多数を買い集めている。

これらを兵器、武器とは言えないだろうか。こうなるとどこまでが武器で、どこまでがそうでないか、区別がつきにくい。

なお海外でこのテクニカルの存在が大きく報道されたため、トヨタという企業も座視することができなかった。先の二種の四輪駆動車を海外向けに販売するときには、本来の用途以外使用しないことと言う誓約書を購入者に求めたと伝えられている。

それでもそれが厳守されたとはとうてい思えないのである。イギリスのある新聞はこの事態を「日本の最大の武器輸出」と報じたと伝えられている。

3：巨大な利益を生む武器輸出　何とも羨ましい現実

もともと自国の防衛力強化の他に開発、量産した兵器をより多数生産して売りに出すわけであるから、武器輸出の利益幅は非常に大きい。

例えばここ数年でアメリカはサウジアラビアを相手に数兆円に達する取引を行なっている。これはアメリカの武器開発の資金の三割を占める金額である。

また最近驚かされるのはお隣の韓国で、国内で積極的に国際的な武器の見本市ソウルADAXを開催し、世界から注文を集めている。

ここ数年、韓国の武器輸出は盛大で取引量は世界第四位、輸出額はなんと二兆六〇〇〇億円に達している。実に我が国の総予算額の三パーセントという巨額である。主力となっているK9型自走砲は七ヵ国（来年には一二ヵ国）に輸出され、NATO全体が関心を示している。この他K2戦車、KF21戦闘機と言ったいわゆる重兵器の輸出も間もなく開始される。

それにしても三兆円近い金額を、この手段によって確保するとはまさに驚くべきことである。

我が国もこれほどの金額が手に入れば状況は一挙に好転するであろう。数年後に予定されている防衛費のGDR比二パーセント増額など、本当に容易である。しかし今のところ指を咥えて見ているだけなのである。それでも武器輸出を傍観するのであろうか。技術的に見て、我が国も国産兵器の技術水準は決して低くないと思われる。それだけに現状には首を傾げるばかりである。

それでは武器輸出とはそれほど悪いこと、あるいは非難されるべきことなのであろうか。

日本はこれまで武器輸出を一切行なっていないわけだが、この事実に関して国連をはじめとして、他国から一度でも評価、あるいは賞賛されたことがあったのだろうか。たぶん皆無であったと思われる。

リストを見ると世界の主要国をはじめ中小国でも、売れる商品があり、買う人がいればすぐに実施している。

世界には約一九〇の国が存在するが、このうちの六〇ヵ国は何らかの、例えば小型の銃器などを売って多少なりとも外貨を稼いでいるのである。

そうであれば他国の武器輸出を非難することなどとうていやらないだろう。

我が国の自主規制など、「売れるような兵器を開発、保有しながら、偽善的、あるいは幼児的な道徳心に捉われてなんとももったいない」程度にしか見ていないのではないか。

しかし武器輸出は反面確かに推薦すべき行為とは言えないから、我が国の方針もこのままで良いのかもしれない。

ただ正直なところ大きな利益を失うのも悔しい気がする。

4・武器輸出に踏み切るとするとその商品は

それではこれから我が国が方針を見直し、武器輸出に踏み切った場合、売ることが出来る商品は存在するのか、防衛年鑑などを参考にして考えてみよう。

①軽装甲車

まず最初に挙げられるのが、陸上自衛隊で使用している小型の装甲車が軽装甲車である。

極めて小さく全長四・四メートル、全幅二メートル、重量四・五トン、乗員四名である。本格的な戦闘に投入されるような兵器ではなく、警戒、偵察、警備と言った任務に最適な車両で、テロ防止、暴力的なデモなどの、ごく身近に起こり得る案件に極めて有効と言える。価格も三〇〇〇万円と戦車や大型装甲車と比べてかなり安価である。現在でも年間一〇〇台ほど造られているから量産体制も問題はない。装備可能な火器は原則として軽機関銃程度だが、より本格的な戦闘が予想される場合には対戦車ミサイルも装備可能。

つまり何らかの大規模暴力行為の阻止に絶好の車両なのである。したがってこの軽装甲車は、近隣の東南アジア諸国などがどうしても装備したい車両と言えるだろう。初めての武器輸出としては本格的な戦闘車両ではない事実もあってある程度気楽に受けいれられると思われる。

②汎用飛行艇　新明和US－2

実際問題として最も武器輸出の実現に近いところにあるのが、新明和、川崎重工による開発が終了しているUS－2汎用飛行艇である。本来、対潜哨戒、海上救難の目的ですでに十数年前から実用化されている高性能の飛行艇で、水陸両用である。この種の飛行艇は世界を見回しても量産されているのはほとんど本機が唯一と言い得る。

この飛行艇を武器輸出の絶好の例として取り上げるのは次の理由による。

・実際にインド海軍から受け入れの打診があったこと

・純粋に軍用としてよりも別な用途に活躍が期待できること

これは対潜水艦の捜索よりも、消防を任務とする航空機としての役割である。

最近、言うまでもなく地球の温暖化により世界各国で大規模な山火事が頻発し、地球全体の脅威となっている。アメリカ、カナダ、オーストラリア、ロシア、スペインとこの種の火災は極めて大きく、オーストラリアでは北海道の半分、ロシアでは日本本土の四分の一に相当する面積が焼失している。

このような案件では航空機による消火作業がきわめて有効で、地上から接近不可能なような地形でも対応可能だ。さらに飛行艇タイプの消火用航空機には大きな利点がある。それは近くに湖水、海面があればそこに着水して消火用の水の補給が出来ることである。US-2も多少改造すれば絶好の消防用航空機となるだろう。多分大型の消防用ヘリコプターの五、六機分の水の搭載、投下が可能と思われる。

しかしこれが武器輸出に当たるだろうか。間違いなく平和利用と考えられるのだが……。この航空機の輸出とその後の運用の支援など、日本政府が最優先で取り組むべき課題と考えられる。間違っても非難されるようなことは考えられない。

しかしながら輸出に向けて政府も兵器工業界、防衛省なども真剣にこれに取り組もうとしていない。外貨の獲得以外に当該国の自然を守る意味からも重要だと考えないのだろうか。最高に人類に貢献できる技術品さえ、忘れているのか。

交渉次第でこの消防用飛行艇は数か国に向け多数が輸出できそうな気がするのである。

③たいげい型潜水艦

海上自衛隊の潜水艦部隊はいつの間にか充実し、実に二二隻体制まで成長した。また隻数だけではなく潜水艦の性能も通常推進型では世界最高と言われるまでになった。これは海外からの評価で、とくに新しいたいげい型は高く評価されている。とくにオーストラリア海軍は本クラスに注目し、購入したい旨の打診があった。このような相手国からの申し入れに対して、日本政府、海自、工業界はまさに及び腰で、きちんと対応することはなかった。少なくともオーストラリア海軍首脳を招待し、話し合うべきだったと思うのだが。

日本の場合、武器輸出と周囲から糾弾されることを恐れて、政府自体が逃げ回っているということなのであろうか。

日本以外の国であれば、外貨獲得に通じる大きな商談を見逃すはずはないのである。国民に対してはアメリカ、ＮＡＴＯなどの要請を受けて、防衛費のＧＮＰ比二パーセントに向けての大増税を口にしながら、その財源を自ずから放棄している。

たいげいの価格は七〇〇億円を超えているから数隻でも販売できれば、利益は大きい。それを考えず交渉さえ躊躇している間にオ海軍はフランス製の潜水艦購入を決めてしまった。

このように武器輸出に関しては、国民全体で議論し、認める方向を打ち出すべきであろう。さもないと世界の誰にも評価されないまま「良い子ぶりっ子」をしているあいだに、この方面の外貨獲得は出来ないままに終わってしまうのである。

その9　我が国の領土問題

一見平和が続くようだが、我が国は次のような領土問題を抱えている。

1．北方領土

永く日本の領土であった北方四島は第二次大戦のさい、無法にもソ連によって占領された。その後同国の支配下にある。たびたび我が国は返還を求めているが、ソ連（ロシア）は耳を貸そうとしない。北海道の根室から指呼の距離にあるこの島々には合わせて三万人を超える日本人が居住していたが、すべて強制的に退去させられている。

これらの島のうち歯舞諸島は九五平方キロ、色丹は二四八平方キロと大きくないが、国後は一四八九、択捉は三一六七平方キロとかなり大きく沖縄の一二〇八平方キロメートルよりも面積は広いのである。さらに北方四島の総面積は日本のそれの一・三パーセントである。これだけの面積の不法占拠は国際的にも珍しい。

もちろんこの返還交渉はたびたび行なわれているが、過去数十年にわたって何の進展もない。そこでどれだけ意味があるかどうか不明だが、一つの提案をしたい。両国の摩擦を避けるための共同所有である。その具体例として英仏海峡の南側に位置するチャネル諸島を取り上げたい。

これらの島々はイギリス、フランスの間で領有権が争われ、一時はかなり険悪な状況になったこともある。これを改善するため、粘り強い交渉が続き、次のような結果を見た。

チャネル諸島は英仏どちらの領有と言うことではなく、独立体とする。ただし防衛、外交はイギリス側が担う。これは住民の多くがイギリス系であることによる。しかし内政、行政に関しては住民で構成される議会が責任を持つ。これは独立国の政府の形であり、パスポートの発行も可能とする。

この共有体系がうまく働き、チャネル諸島はいまのところ問題なく運営されている。なかなか一筋縄ではいかないが、北方四島の形としてはこれ以外に無いように思える。ソ連／ロシアの領土に対する執着は、我が国と異なりきわめて強いが、粘り強く交渉を続けるべきであろう。

ただ返還しろと申し入れたところで、事態は一向に進展の兆しを見せない。しかし数十年後を見据えて、経済援助を伴った共同所有は、ある程度実現の可能性を含んでいるのではあるまいか。観光、漁業から得られる利益も、ウクライナとの戦争で経済的に疲弊した同国にとって魅力のあるものと思える。我が国は国際的な交渉を苦手とするような気もしているが、歴史に残るほど困難な道を選択することも将来にとって貴重な経験となろう。

2．竹島

日本海において島根から北方に二一一キロ、韓国本土から東へ二一七キロに位置する二つの岩礁が竹島である。韓国側は独島と呼び領有権を主張、現在は船着き場と監視所を設けている。

日本も領有権を主張し、これまで三度国際司法裁判所に領有権の裁定を申請しているが、韓国側はこれに応じておらず、実質的に韓国領に近い。

島と言うにはあまりに小さく、国際的にはリアンクール岩礁と呼ばれている。戦略的な価値もほとんどなく、実質的には経済圏、漁業権が問題になるくらいである。

交渉を重ねたところで、韓国側から返還される可能性は皆無に近い。

3．尖閣諸島

沖縄諸島の北、台湾からも遠くないのが尖閣諸島である。岩礁を含めると八つの島からなり、そのうちの二つは人間の居住が可能であり総面積は五・五三平方キロ。現在中国が強硬に領有権を主張し、警戒船を送っている。いろいろ歴史的な領有の証拠が示されているが、明治から大正にかけて約二〇〇人の日本人がこの島に定住し、鰹節の製造に当たっていた。このことから日本の領有は明らかである。

しかし中国側は強硬で、もしかするとこの尖閣の問題は二つの国家を揺るがすほどの問題に発展する可能性も小さくない。どういうわけか日本政府は、先の日本人の居住を明確に主張することを避けているように思える。

もしかすると中国政府は、現在同国の経済危機から国民の目を国外に向けさせる目的から、力による尖閣の獲得に動き出すかもしれない。

大規模な不動産投資の失敗、また急激な成長の歪による全土の新幹線の莫大な赤字が表面化し、国民のあいだに不満が鬱積した時、中国海警、海上民兵が協力し、尖閣に上陸してくる可能性は、現在我が国が直面する最大の危機と考えられる。

日本が武力行使する可能性はまさにこの時のみであろう。

複数の海上保安庁の巡視船が警戒に当たっているものの、中国の格段に大きく、武装も強力な海警の船舶に立ち向かうことはできない。

もしかするとすると巡視船同士の衝突を越えて軍艦による海戦も考えられる。アメリカ政府は尖閣諸島も安保条約による日本の領土に含まれると述べているが、そうなると限定的ながらこの海域で米中の軍事衝突も考えられるのである。

それにしても中国による尖閣への侵攻は前述の如く、日本と言う国家の将来を揺るがす大問題であり、しかもその可能性は決して低いとは言えず、万一のさい、どのように対処すべきか、すべての国民が考えておくべきなのである。

戦後八〇年、我が国は一度も国家の危機を経験せずに過ごしてきたが、もしかすると尖閣問題ばかりは国家として最大の決断を迫られると思われる。

その危機は、台湾有事よりはるかに現実的であると筆者は考えている。それは中国政府は自国の安定を目的とし、小さな戦争こそ国民を一致団結させる最高の手段と信じているからなのである。

4：沖の鳥島

東京から南に一七〇〇キロ離れた太平洋上の岩礁が沖の鳥島である。周囲は四・五キロ×一一キロというナス型のサンゴ礁に囲まれている。岩礁は大きめのベッドくらいしかないが、日本はこれを補強し島だとしている。もしこれが認められれば排他的経済水域（EEZ）は日本の全域の三〇パーセントも増加し、しかも島の周辺海域にはレアアースと呼ばれる稀少金属も大量に確認されている。

ここで問題となるのは、中国、台湾、韓国、北朝鮮が領有権を主張していることである。中でも中国は日本の権利を認めず、隙あらば領有を主張する。

広く知られているように中国には南シナ海の領有が決まっていない環礁とサンゴ礁、たとえばスプラトリー、パラセルといった地域を自分のものとし、次々に埋め立てし、自国の領土を造っている。中には大規模な埋め立てを実施し三〇〇〇メートル級の滑走路、兵舎、ミサイル基地を造成した。

ともかく他国の権利など無視した強引な手法で、これに対して周辺のブルネイ、マレーシア、フィリピン、ベトナムなどは当然抗議しているが、馬耳東風である。フィリピンは国際常設紛争仲介裁判所などに提訴し勝訴しているが、中国は一切意に介さない。

またこの現状に国連などもなすすべがなく、傍観するばかりである。

ともかく、南シナ海には数ヵ所の中国の拠点が誕生していて、ある島はフィリピンから肉眼で見えるほどの距離である。

これほど強引な手法で領土を拡大しているのであれば、沖の鳥島に関しても、短時間のうちに奪い取られる可能性がある。少なくとも早い段階で、我が国としてこの島に簡易ヘリポート、居住施設を造るなどしないと奪い取られてしまうかもしれないのである。

領土問題となると中国は話し合いなど一切無視して、行動に出るので、強固な対応が必要である。

その10　日本に迫る戦争の危機

1：台湾有事

現在アジアでもっとも懸念される戦争は、中国による台湾侵攻であろう。中国の指導部は近年たびたび台湾の中国への組み入れの意向を述べている。

つまり共産中国と民主主義台湾が存在すること自体許し難いということで、武力侵攻／解放を実現させると公表している。

台湾は日本の九州より多少小さな島国で、人口は二五〇〇万人である。その六〇倍も大きな国土と一四億人を超える国家規模の中国としては、放っておけば良いのに、と我々は考えるが、二つの中国が存在すること自体が許しがたいと指導部は確信している。

したがって状況によっては、中国の台湾に対する全面武力侵攻もその可能性はゼロとは言えず、常に注目していることが重要である。

もしこれが実際に起こった場合、もっとも影響を受ける国は間違いなく日本である。在日米軍がこれを座視することはなく、台湾救援に出動するであろう。そうなれば中国軍は日本にある米軍基地を攻撃するに違いない。また台湾からの大勢の避難民が日本にやってくるとなればこれも無視できない。このような事態になれば、その後どうなるのか、想像も出来ず、それ以後の状況は神のみぞ知るのである。

しかし現実の問題として、近い将来中国の全面侵攻は起こり得るのかどうか。

筆者は否定的である。確かに中国としては台湾を解放したいが、極東にいるアメリカ軍と全面対決という危険を冒してまで、突っ走るとは考えにくい。海上における航空戦、大軍の海上輸送と敵前上陸戦闘に関して、中国は全く経験を持っておらず、この分野でアメリカ海軍＋日本の海上自衛隊との対決について勝利の見通しは皆無である。そのうえ、場合によってはアメリカと全面衝突のリスクも考えられるのである。

この方面で中国が軍事行動に出る場合には、ずっと小規模な形となるであろう。例えば、中国本土の目の前にある金門、馬祖島の占領といった小規模戦闘である。これならば、アメリカは目を瞑っていてくれるかもしれない。

こう考えると事態が大きく動かない限り、ここ一〇年以内であれば台湾有事は勃発しない可能性が高い。

2：もっとも危険性が考えられる尖閣諸島の問題

現在のところもっとも戦争の可能性が高いのが、尖閣諸島を巡る日中の争奪である。なぜなら中国はこの無人島の領有に関してそれほど執着心を持っていないと考えられる。それでも日中の衝突の可能性が考えられるのは習政権で、「現在の中国が小さな戦争を必要としているから」である。独裁的な政権の大国が、国内に大きな問題を抱えた時々、国民の目をそれから逸らすために、小さな戦争を引き起こし、国民の関心をそちらに向けようとする可能性が高い。

この最適な例が一九三八、三九年のスターリン率いるソ連である。当時この国はソ連軍／赤軍の大規模スパイ事件で大揺れに揺れ続けた。赤軍の指導部から下部組織まで、対立が本格化し始めたドイツ第三帝国のスパイであるとして粛清を始めた。実際にはすべて冤罪でスターリンの地位を脅かす反対派の排除を目的としていたのだが、次第に軍人だけでは無く、市民の弾圧も本格化する。住民の密告も奨励され、疑いのある者はシベリアへの流刑もごく普通に行なわれた。これが歴史に残る赤軍大粛清である。国民はこの恐怖に震えあがった。

当然スターリンの政治への不信感が国民の間に高まった。このさい、彼にとって国民の目を外へ向けるための小さな戦争が必要であり、その結果勃発したのが対フィンランドとの〝冬戦争〟である。

スターリンはいろいろ難癖をフィンランドに押し付け、それが受け入れられないと五〇万名と言う大軍で隣国に侵攻する。ソ連にとって、いまさらフィンランドの領土が欲しいわけではなかったが、ともかく戦争が始まったという事実を国民に知らしめたかったのであった。

現在の中国は見方によっては建国以来の危機にさらされている。まず不動産問題、若年者の就職問題、新幹線の建設を巡る莫大な負債、ノンバンクによる貸付金の焦げ付き問題など、いずれも中国の屋台骨を揺さぶる経済危機である。もしかすると国家が破産するような大事態なのである。こうなると国民の不満は、いつ爆発するかわからない。

このはけ口として小さな戦争が必要で、その対象としては全面戦争の可能性がほとんど考えられない金門諸島や尖閣諸島を巡る小競り合いが適当なのである。さらには増強を続ける中国海軍の実戦訓練にも好適である。

どのような形になろうとも、この争奪戦が、日中の全面戦争に拡大するような事案ではなく、最悪国連などの調停によって、この島が日本領であることが確認されたところで、もともと日本が実効支配していたのであるから、損したことにはならない。

あらゆる状況から判断して「ちょうど適当な規模の戦争」なのである。このため、中国軍の尖閣諸島上陸はいつ起こっても不思議では無いような気がしている。

ただしこの戦争の行方がどうなるのか、まったく想像がつかない。国連の仲介でこれまでと同じ状況になるのか、日中の共同管理になるのか、国際司法裁判所の裁定を待つのか。いずれにしても日中の全面戦争に発展する可能性は皆無と思われる。しかし中国側としては、どのような決着になろうと、国としては大きなマイナスとなることはないので、小戦争を立ち上げるのに、あまり懸念はなさそうである。

これに対して日本側はすべてが初めての事態なので、右往左往するに違いない。そしてその結果は、これまた想像することもできない事態なのである。日本政府としてはこの可能性について、どれだけ検討しているのであろうか。現実の問題として何もしていないと言うのが本当のところだろう。

3：対策をとる必要のない北朝鮮のミサイル問題

尖閣問題と異なり、まったく対策を考える必要の無いのが北のミサイル問題である。このところ北朝鮮は大陸間弾道弾などを矢継ぎ早に発射し、そのほとんどが日本の上空を通過し、太平洋に落下している。そのたびに日本政府はいわゆる〝Jアラート〟を発出し、国民に退避を促している。

しかし、その必要は全くなさそうだ。

万一、このミサイルが日本本土に落下したとして、本格的な戦争になる可能性がないとは限らない。しかし弾頭に爆薬が装塡されているわけではなく、テストとして行なっているに過ぎない。模擬弾頭あるいはミサイルの部品が日本国内に落下し、それで負傷者が出るなど、極めて確率が低い。

極端なことから考えれば、その確率は宝くじ一等に当たる確率のそのまた数十分の一といったところだろう。さらにシェルターなどの新設要求などが出ているが、本音で日本人はミサイルにより自分が怪我をすると考えているのだろうか。北の政府にしたところで、ミサイルが日本本土に落下した時のリスクを無視しているはずはないのである。

このように考えると北朝鮮と軍事的な衝突など、考えるだけ無駄なような気がしている。

Jアラート自体、あまり意味を持たないと言って良いだろう。沖縄の島のシェルター新設など無駄の一言に尽きる。

４．南北の軍事衝突の巻き添え

決して大きくはないが、何らかのきっかけで韓国と北朝鮮の軍事衝突はあり得る。

いわゆる第二次朝鮮戦争である。この場合、日本は当事者でないものの、状況によっては巻き添えになることもあり得る。

一部の北の部隊の上陸、避難民の殺到などが考えられる。しかしこの確率は大きくなく、どちらの場合も現在の体制で対処可能だろう。さらに南北の核使用はあり得ないから、それほど心配はなさそうである。

このように我が国が戦争に巻き込まれる可能性は、どのように考えても高くないのである。こうなるとこれまで述べてきた状況は、すべて杞憂と言うことであろうか。問題は核兵器が使用される全面戦争であるが、こうなってはどうにも手の打ちようがなく、N・シュートによる小説『渚にて』状態に陥らないことを祈るしか仕方がなさそうである。

その11　核を巡る問題

威力の大小を別にして核兵器の製造、保有に関してはいろいろな問題がある。まずもっとも重要なのは核の保有が、国家の安全にどのように繋がるのか、と言うことである。核兵器の保有によって、他国からの侵略が抑制され平和が維持される。保有している核兵器が使われたときには、核戦争となり国と世界が滅亡する可能性が存在する

こうなるとまさに諸刃の剣であり、国家の安全と世界の滅亡が両立しているのである。

世界では一九七の国家があるが、核兵器の所有はアメリカ、ロシア、中国、イギリス、フランス、インド、パキスタン、さらにイスラエルは明言してはいないものの保有国と見られている。また南アフリカ連邦は、一時開発、所有を目指したが、その後

破棄したむね発表している。

現在世界には一万二五二〇発の核兵器があり、これは全世界を実に三回にわたって破壊できるだけの威力を持っているとのことである。

いずれにしろ核兵器の使用は必ず報復を呼び、どちらの側も無事では済まない。

実際一九六二年のキューバ危機のごとく米ソ間で、核戦争寸前まで陥ってしまった例もある。その後同様の危機はないものの、二〇二三年の春、ロシア・ウクライナ戦争のさい、ロシアの高官が「自国の軍隊に大きな危機が迫れば、躊躇なく戦術核を使用する」と発言した。

この戦争で万一ロシアが核兵器を使えば、間違いなくNATOは同様な手段で反撃し、これをきっかけに世界は第三次世界大戦に突入する可能性がある。

もし戦術核が飛び交うことにもなれば、地球の人類の大部分は死滅するはずである。こうなるとやはり今の時点で核兵器絶滅に努力しなければならないが、実態はそう簡単ではない。

○核兵器禁止条約

国連の主導で十数年前から存在する禁止条約で、現在約七〇ヵ国が調印し、その大部分が批准している。ここで問題となるのが、

①核保有国は全く参加していない

②唯一の被爆国である日本も加わっていないのが事実である。実際、保有国が参加していなければ、いくら条約を作ったところで、まったく実効はないしまた保有したところで罰則もない。つまりこの条約には何の意味もないという意見もあって、日本政府も同様な考えで調印せずにきている。

それほど核兵器の禁止は難しいのである。

○我が国の核所有は

日本は核兵器を持たないものの、その一方でアメリカの〝核の傘〟に守られている。実際隣国の北朝鮮は、これまで数回の核実験を実施し、それを搭載可能な長距離ミサイルの開発もすでに終了している。この事実の前に日本は何も手を打たなくて良いのか、という意見が出てくるのも当然である。この対策として、

①PAC3などの迎撃ミサイル

②アメリカの核の傘

③大規模な核シェルターの建設など

が挙げられるが、やはり独自の反撃手段を持つべきだとする考えも出てくる。

それでは我が国が核武装をすることが可能なのであろうか。

結論から言ってしまえば国論として、核保有が決まれば問題ないと言える。

原料となるプルトニュウムも原発から出たものが、現在四六トンも貯蔵されている。しかしこのすべてが精製の度合いが高いとは言えず、これを爆弾製造用に造り直す必要がある。

そうなると量的に半分となるが、それでも二三トン。原爆一個を製造するのに必要なプルトニウムは約八トンとされているから、三発の製造が可能である。なにしろ核爆弾の技術そのものは七〇年以上も昔に実用化されている既存の旧式技術なのである。

さらに運搬手段となるミサイルに関してはすでに完成されている宇宙ロケットが複数存在し、これを兵器に転用するには数ヵ月で可能である。またそれに関する費用だが、インド政府の資料などから推測すると製造、保管施設の建設費など大雑把に言って一〇〇〇億円と言うことである。

つまり技術的には何の問題もないが、やはり国民の核武装の合意はあり得ない。結局現況に戻り、アメリカの核の傘の下にいることが最良の判断ということになろう。

核兵器など無いに越したことはないが、現実に北朝鮮といった国家がすぐ隣に存在している限り、無関心なままでいるわけにはいかないだろう。

また我が国独自の開発、製造ではなく、いわゆるニュークリア・シェアリングという手段でアメリカからの譲渡も考えられるが、こちらは核拡散防止条約上からも難しい。

それにしてもミサイル原潜配備のところで述べたように、全く戦争に巻き込まれる恐れなど皆無のフランスが、核兵器、それを発射する潜水艦まで自国で開発、配備している事実に驚きを感じざるを得ないのである。

このように核兵器に関する各国の考え方は色々であって、どれが正しいのか判断がつかない、というのが正直なところである。

その12　日本の自衛隊の最大の弱点、予備自衛官

日本の防衛力について調べていくと、陸上、海上、航空とも正面装備に関しては世界の軍隊の中でも一〇指に入るほどの戦力を有していることがわかる。

しかしながら二つの点で論外と言えるほど貧弱な部分がある。

1：定員不足

高級指揮官佐官級であれば九五パーセント、尉官もほぼ同じで、また下級指揮官つまり下士官でも九〇パーセント以上の充実ぶりである。

しかし一線で実際に銃を手に闘う兵士となると、なんと七五パーセント前後まで低下する。とくに陸上の普通科である歩兵となると七〇パーセントと低下してしまう。つまり若い兵士の完全な不足で、いったん有事となればこれで戦えるのかと危惧されるのである。もちろん自衛隊も政府の支援を受けて、いろいろ手を打って隊員を増やすべく努力を続けているのだが、少子化の時代とあって思うに任せない。

そのため定員を減らしたうえで、再編成のプランを考えているようなのである。

2：予備役の不足

これに関して調べてみると先の定員不足を上回る危機的な状態にあることがわかる。

我が国予備自衛官、つまり予備役は、

。予備自衛官補　一般から志願して自衛官として訓練を受ける

。予備自衛官　ある種の資格を持ち、有事の際自衛官の後方支援を行なう

。即応予備自衛官　自衛官OBで、現役の部隊と共同行動可能

の三種からなっている。人数としてはそれぞれ四六二〇名、四万七九〇〇名、八〇〇〇名、合計約六万五〇〇〇名である。これが実数で、定員は一・五万名であるから、ここでも半数に届いていない。それにしてもこの数の少なさは驚くべきものである。

隣国を見ていくと、戦争の危機を実感しているのであろうが、

。韓国　動員令一週間後に三〇万名、ひと月後には三〇〇万名

。台湾　一週間後に六五万名、ひと月後には一六五万名

またアメリカ三六〇万名、中国一八〇万名となっている。

この予備兵力については当然ながら、彼らを動員するだけの装備品（服飾、火器、兵糧など）が用意されていることは言うまでもない。それにしても自衛隊の予備役の

少なさ一・五万名とは二桁ほど少ないのでは、と思ってしまう。有事とは必ずしも戦争ばかりではなく、自然災害の際の支援、復興なども指しているのである。

我が国の場合、大地震を筆頭に台風による災害はたびたび起きている。その度に国あるいは地方自治体から自衛隊への出動要請は日常茶飯事である。これを目にしていながら、わずか一・五万名とはどういうことなのであろうか。起こることが必然と伝えられる首都圏大地震の場合、警察、消防とともに救援の担い手の筆頭は言うまでもなく、自己完結型の組織である自衛隊である。

それがこの有様では、我が国も将来が危ぶまれると考えるのは筆者ばかりではあるまい。

韓国、台湾ほどでなくとも、すぐにでも予備自衛官の数を現役隊員と同数、つまり一六万名ほどに増強するべきではと痛感する。

その13　日本のNATO加盟はどうなるのか

ＮＡＴＯ（北大西洋条約機構）は膨張するソ連（当時）に対抗して一九四九年に西側が成立させた相互安全条約である。北米のアメリカ、カナダと欧州の二九ヵ国が加盟し、強固な軍事条約に近い形で存在している。近年ロシアのウクライナ侵攻という現実を目の当たりにし、永いこと中立を維持していたスウェーデン、そしてフィンランドまでが加盟を目指している。

このような現状を踏まえて大西洋から遠く離れたアジアでも、これに加盟しようと言う動きが始まっている。数年前からまず韓国が将来の加盟を目指し、パートナーシッププログラムへの参加を決め、現実にＮＡＴＯの行動に協力している。

まさに準加盟国の扱いである。さらにＮＡＴＯはアジアへの拡大に力を入れており、もしかすると近い将来オーストラリア、ニュージーランドが加盟する可能性も高まっている。

日本においても東京に事務所の設置が計画されたが、どういう理由か不明だがフランスの反対で延期となっている。

ところでＮＡＴＯの条約の中で、最も注目されるのが第五条で、これは集団防衛権とされて「万一加盟国の中の一つの国が攻撃を受けた場合、これはＮＡＴＯ全体への攻撃とみなして全加盟国が一致団結して反撃する」というものである。

つまり日米安保条約よりはるかに縛りの強い軍事条約なのである。

韓国にとっては、もし北朝鮮と戦争になった場合、極めて心強い条約と思われ、そのため接近を図っているのであろう。

一方オーストラリア、ニュージーランドは現実として戦争の危険とは遠い位置にいるが中国の大拡張への恐れから加盟を考えているのであろう。

また東南アジアのいくつかの国は様子見といったところだが、もし先の三ヵ国が加盟すれば、次々と後を追うことになるかもしれない。

それではその場合我が国はどのような選択をすべきだろうか。

寄らば大樹（ＮＡＴＯ）の陰か、あるいは独立独歩の道を行くべきか。

加盟すれば確かに大きな安心を得ることが出来るが、一方で朝鮮半島有事の際には参戦を余儀なくされる。この場合には憲法九条との兼ね合いが問題となる。

現在の日本はNATOの会議にオブザーバーとして出席しており、その関係は良好である。また九条の絡みで、非加盟の道を選べば、日本だけが取り残されることになる。

結局、本格的な議論は多分近い将来実施されるはずの憲法改正に関する国民投票のさいに合わせてNATO加盟の賛否も国民に問うべきなのであろう。実際朝鮮有事が勃発したところで、現在のままでは自衛隊を派遣するわけにはいかないのである。しかし国家の危機が迫っていたと判断されれば、憲法など二の次、三の次となるかもしれない。こう考えると我が国得意の判断で〝周囲の様子見〟が最良の道かもしれない。

国滅びて憲法残る場合さえ起こり得るのである。

第2章

国連は戦争を止めることができるのか

国際連合は間違いなく世界に跨る国際組織で、現在では一九〇を超える国家が加盟している。この組織のもっとも重要な役割は国際紛争、戦争の防止である。

国連憲章の第一条は、「国際間の平和と安全を維持すること。平和に対する脅威の防止及び除去であり侵略と破壊の鎮圧のため有効な集団的措置をとること、ならびに平和を破壊するに至る恐れのあるときには調整および解決を平和的手段によって、かつ正義及び国際法の原則に従って実現すること」となっている。

なにか繰り返しの多い文章で少々分かりづらいが、ともかく平和と安全、侵略と破壊から世界を守ろうと言う壮大な理想を述べていることは疑いの余地はない。

しかし理想的にはこの組織が独自の軍隊を持てればよいのだが、それこそ国連軍の存在である。しかし国連の七〇年近い歴史の中で〝国連軍〟が存在したことは皆無で、この言葉自体近年では全く使われていない。

それではこの国連の軍隊が、実質的に戦争を止めることができたのであろうか。いくつかの実例から表題のテーマを実証したい。

その1　朝鮮戦争

第二次大戦の終了から五年後、朝鮮半島を巡って大戦争が勃発した。三〇万名からなる北朝鮮軍が三方向から南の韓国に侵攻し、以後その戦争はちょうど一〇〇〇日にわたって続く。この事実を知ったわずか五日目、国連はこれを侵略と判断し史上初めて国連軍の編成と投入を決定した。これは国連の決議であったが、反対が予想されたソ連が棄権したためスムーズに決定された。

翌日から編成が始まり、アメリカを中心に一九ヵ国からなる国連軍が生まれた。参加国はアメリカ、韓国、イギリス、フランス、イタリア、ベルギー、ギリシャ、トルコ、カナダ、タイ、また遠くはオーストラリア、ニュージーランド、南アフリカなどであった。しかし派遣兵力はアメリカおよび当事国の韓国以外は数百名規模と少なかった。

戦局は開戦数ヵ月は国連軍側に有利に進んだものの、秋の終わりから中国軍が五〇万名と言う大戦力で北朝鮮の支援に乗り出し、戦線は完全に膠着状態となる。そして二年後の休戦までこの状況が続き、国連軍は共産側の侵攻を完全に停止させるに至っていない。

したがって評価としては失敗と言えるだろう。それでもこの軍隊は〝朝鮮国連軍〟と呼ばれ、日本の横田基地内に総司令部を置いている。ただし、指揮権は最初から最後までアメリカ軍の総司令官が握っていた。つまり国連はほとんどなにもしなかったのであった。

また戦場において激戦を展開したのは米、韓を除くとトルコ軍であり、他国の軍隊は主として後方支援を行なっていたに過ぎない。戦死者についてはほとんど一〇〇名前後である。つまり国連軍はあくまでも形だけであり、国連自身の軍隊では無く寄せ集めで、最初は簡単に北朝鮮の侵攻軍を撃滅するだけが目的であったが、大戦力の中国軍と正面から激突するとなるとあまりに荷が重すぎたのである。

その2　コンゴの動乱①

アフリカ中央の巨大な国家コンゴは、一九六〇年に宗主国のベルギーが去った後混乱を極める。

国内の権力争いに加えて周辺国の干渉、民族の対立が続き、毎年数十万人の犠牲者が出る有様であった。これに関しては別項で解説している。これを阻止するべく国連は決議第一四五号を決め、コンゴ国連軍なる部隊を編成し、この広大な国に送り込む。参加国は実に三〇ヵ国に達し、総兵力は約二万名にのぼった。

この時点では世界の国々はアフリカの大国コンゴの安定化に協力する姿勢を見せたのであった。

しかし内乱の状況が複雑なこともあって、一向にらちが明かなかった。暴虐を続ける現地軍を制圧しようと戦うのは遠来のスウェーデン軍とアイルランド軍くらいで、他国の軍隊はまったく戦闘を交えずに過ごしている。このときはじめて国連軍ではなく国連平和維持軍（ＰＫＦ）という言葉が使われた。

首都レオポルドビル周辺こそ一時的な休戦があったものの、地方の状況は全く変わっていない。ＰＫＦ派遣は約三年にわたったが、国連軍自体に厭戦気分が高まり一九六三年二月に撤退が決まった。この間使われた戦費は四億ドル、戦死者は少数の文官を含めて各国合計わずか二五〇名であった。

三〇ヵ国の軍隊、二万名の兵士が参加し、内戦を止めることは全く出来ず早々に撤収。これこそ国連の無力さを如実に示したとは言えないだろうか。

しかし冷静にみれば我が国の数倍と言う広い面積に、寄せ集めの軍隊二万名が展開したところで、紛争を止めることなどとうてい不可能である。しかも戦っている相手は隣国からやってきた強大な武装勢力などである。アイルランド軍など、最初は攻撃された相手の軍隊がどのような勢力なのか分からないと通報している。このような状況で戦闘の中止を求めることなど可能なのであろうか。

もともとＰＫＦ、ＰＫＯ平和維持活動には五つの原則が存在する。

①停戦要求、停戦の仲介のさいには、争っている両方の側の停戦合意がなされていること

②当事者双方から仲介が受け入れられていること

③常に中立的な立場にいること
④常に撤収可能な状態にあること
⑤武器の使用は必要最小限であること

これを見ていると③、④、⑤項はともかく、①、②項には首を傾げざるをえない。停戦の合意がなされているなら、介入する必要はなく、争っている両者から仲介の許可を得ることは極めて難しい。

本当にこの五原則を守りながら紛争の停止要請や仲裁が出来るものかどうか、疑問に思う。事実、仲介が成功した、例えばイラン・イラク戦争など、講和がほぼ決定した後の介人であった。

このような事実を目の当たりにすると、どのような形であれ、国連による戦争の停止にはそれほど期待できないと考えるべきである。

その3　コンゴの動乱②

数十年にわたって、ベルギーの植民地であったアフリカ中央部の大国コンゴ。この国の面積は日本の六倍で人口は約一億人、八ヵ国と国境を接している。また長くベルギーの植民地であった。そして一九六〇年六月にベルギーから独立すると同時に激しい紛争、内乱が勃発し、それは現在に至るも完全には収まっていない。

内乱、紛争の原因は、複雑な民族の構成、豊富な地下資源の存在、隣国の政情不安などである。またそれらを背景にコンゴはコンゴ共和国、コンゴ民主共和国、ザイールなどと国名を変えていて、たんにコンゴ騒乱と言ってもいつの時代のものを指すのか明確ではない。

とくに一九九一年の第一次コンゴ戦争など、八つの隣国、二五の各種武装勢力が参入しているから情勢は複雑を極めている。続く第二次コンゴ戦争ではこの混乱はより複雑になり、参加勢力は二七グループまで増え、その情勢を正確に描写すること自体困難である。

さらに引き上げたはずの旧ベルギーの企業の一部が傭兵を集め、既得権益の維持を図った。そしてこの一部が治安維持のため国連が派遣したPKFの部隊と、交戦するという複雑さである。つまりヨーロッパ人同士の小競り合いも発生しているのである。そのうえ隣りの大国アンゴラでも内戦が勃発し、この勢力がコンゴの内戦に関与しはじめ、情勢はますます混乱を極めた。

このためコンゴ、アンゴラの民間人の犠牲者は莫大な数にのぼり、二〇〇〇年代のはじめにはコンゴで三〇〇万人、アンゴラで二〇〇万人に達している。これを見据えて国連は事務総長ハマーショルドをコンゴに送るが、彼は到着寸前乗機が撃墜され死亡する。

現役の事務総長の死亡は国連で唯一の例であった。犯人は不明だが、内乱の鎮静化を望まない勢力による暗殺であると考えられる。また仲裁に出動する国連PKFも人員不足に悩まされ、中立国のスウェーデン軍まで投入される。同国の軍隊が実戦に参加したのはこの紛争のみである。同国軍の一部はベルギーの傭兵部隊と戦闘を交えている。

この第二次コンゴ紛争はその後一時収まるが、一九八〇年代の中頃再燃する。このときにはアメリカ、ソ連をはじめ、キューバおよび南アフリカがかなりの兵力を派遣する。

加えてアフリカのフツ族、ツチ族という民族間の衝突も発生し、犠牲者は増加の一途を辿った。国連はついに四回にわたりＰＫＦ部隊を送ったものの、あまりに複雑な内戦と、広大な地域の紛争とあってほとんど機能しないままであった。日本の六倍の地域にわずか数万の兵力を派遣したところで、ほとんど意味をなさず、国連の力不足を証明したような状況であった。このコンゴ紛争は一九六〇年から続き犠牲者の数は実に五七〇万人、また隣国アンゴラのそれは一九七五年から数えて三六〇万人に上っている。

国連の報告によれば、この数は第二次世界大戦を除くと史上最多である。確かにこの事実を前に国連はそれを止めようと必死の努力を重ねてきたが、現実の問題としてあまりに無力であった。内乱の規模が大き過ぎて手の打ちようがなかったと言うしかない。

この犠牲者数を知ると、国連は当然として、すべて人類の無力さを嘆くばかりである。

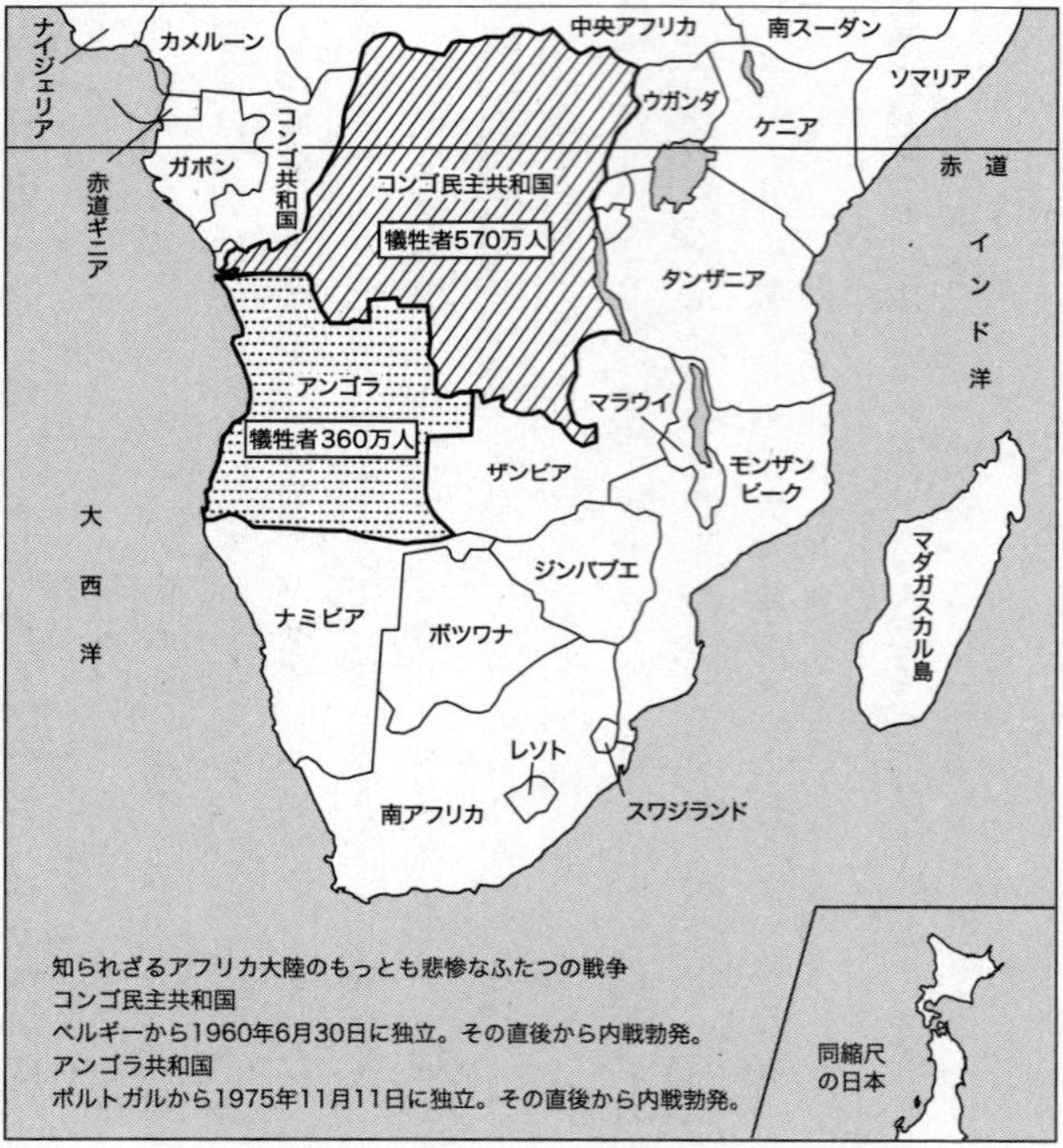

知られざるアフリカ大陸のもっとも悲惨なふたつの戦争
コンゴ民主共和国
ベルギーから1960年6月30日に独立。その直後から内戦勃発。
アンゴラ共和国
ポルトガルから1975年11月11日に独立。その直後から内戦勃発。

コンゴをめぐる内戦と紛争

1960〜63年の内乱

●コンゴ共和国　支援：国連、ソ連

●カタンガ国（一部)、南カサイ国　支援：ベルギー

1963〜65年の内乱

●コンゴ共和国　支援：アメリカ、ベルギー

●シンパ（ライオン）軍　支援：ソ連、中国、キューバ、以下8つの周辺国、25の武装勢力

第1次コンゴ戦争　1991年11月〜97年5月

●ザイール（コンゴ民主共和国)、 ルワンダ解放軍、アンゴラ全面独立民族同盟

●コンゴ・ザイール解放民主連合、ルワンダ、ウガンダ、アンゴラ、ブルンジ

第2次コンゴ戦争　1998年5月〜2003年7月

●コンゴ民主共和国、アンゴラ、チャド、ナミビア、ジンバブエ、スーダン、反ルワンダ軍、反ブルンジ軍、フツ族連合軍

●ルワンダ連合軍、コンゴ民主連合、反アンゴラ政府軍
支援：ウガンダ、ルワンダ、ブルンジ、ツチ族連合軍

第1次、第2次コンゴ戦争の参加国　1995年頃

	人口（万人）	総兵力（万名）
アンゴラ	1060	12.5
ブルンジ	580	0.7
コンゴ	240	1.1
ルワンダ	770	0.5
ウガンダ	1840	7〜10
ザイール	3790	5.4
ジンバブエ	1660	49
チャド	600	2.5

資料：ミリタリーバランス

アンゴラ内線1975～2002年 1985年頃の状況

●アンゴラ解放人民運動（MPLA）
拠点は首都中心、左派
支援国：ソ連、キューバ、ブラジル、メキシコ、SWAPO（西アフリカ人民機構）
戦力：総兵力4～8万名、ソ連戦車約300台、装甲車450台、空軍約200器

●アンゴラ解放解放戦線（FNLA）
拠点は北部一帯、中立右派
支援国：アメリカ、中国、ザイール
戦力：総兵力3.5万名、銃火器、空軍はなし

●アンゴラ全面独立民族同盟（UNITA）
拠点は南部、中立右派
支援国：アメリカ、中国、南アフリカ
戦力：総兵力3万名、銃火器、空軍はなし

世界の平和な国々と危険な国々

○オーストラリアの経済平和研究所が作製

○完全に平和な状況の指数が 1000、以下数字が多くなるほど
危険度が大きくなることを示す (GPI 指数 :Global Peace Index)

○指数の元になっているのは

●殺人などの社会の安全と治安の状況

●紛争の最中、あるいは巻き込まれる可能性など

●人数あたりの軍事費、小銃などの武器の所有比率など
26 項目を検討している

●人口など一部に外務省などの数値を元に修正

●コンゴ共和国とコンゴ民主共和国、スーダンと南スーダンは
別の国である

世界平和度指数　平和な国々ベスト15

ランク	国　　名	地　　域	人口 (万人)	指　数
1位	アイスランド	北ヨーロッパ	29	1124
2	デンマーク	北ヨーロッパ	540	1310
3	アイルランド	北ヨーロッパ	386	1312
4	ニュジーランド	オセアニア	390	1313
5	オーストラリア	オセアニア	1980	1316
6	シンガポール	アジア	420	1332
7	ポルトガル	西ヨーロッパ	1030	1333
8	スロベニア	東ヨーロッパ	201	1334
9	日　本	アジア	12800	1336
10	スイス	西ヨーロッパ	728	1339
11	カナダ	北アメリカ	3130	1350
12	チェコ	東ヨーロッパ	1025	1379
13	フィンランド	北ヨーロッパ	520	1399
14	クロアチア	東ヨーロッパ	450	1450
15	ドイツ	西ヨーロッパ	8240	1456

世界平和度指数　危険な国々ベスト 15

ランク	国　　名	地　域	人口（万人）	指　数
1位	アフガニスタン	西アジア	2180	3448
2	イエメン	中東	1890	3350
3	シリア	中東	1680	3294
4	南スーダン	アフリカ	1080	3221
5	コンゴ民主共和国	アフリカ	5100	3214
6	ロシア	ヨーロッパ／アジア	14400	3142
7	ウクライナ	東ヨーロッパ	4900	3043
8	ソマリア	アフリカ	880	3036
9	スーダン	アフリカ	3160	3023
10	イラク	中東	2480	3006
11	マリ	アフリカ	1240	2963
12	中央アフリカ	アフリカ	375	2943
13	北スーダン	アフリカ	4580	2943
14	北朝鮮	アジア	2600	2942
15	リビア	アフリカ	675	2930

その４　ソマリアの場合

国際連合の役割の中でもっとも重大なのは戦争、紛争の中止、停止を目的とした仲裁だが、これは外部で思うほど簡単ではない。

例えば二〇二二年の二月から始まったロシアとウクライナの戦争などでは国連の果たした役割は、皆無に近かった。確かに互いの捕虜の交換などに関して一定の努力が認められるものの、戦争を止める役割に関してはほとんど機能していない。ともかく戦争、紛争を止めることは場合によってはある程度犠牲も必要で、さらにそれにもかかわらず全く効を奏さないこともある。

本項ではアフリカ大陸の北東地域、いわゆるインド洋に突き出しているアフリカの角地方ソマリアの内戦を取り上げて、国連の努力とその空しさに関し触れてみたい。

この広大な地域にはソマリアやエチオピア、エリトリアなどの国家が存在するが、国家よりも堅い結束を誇るのが民族である。これは人種だけではなく氏族（同じ姓を持つ人々）による勢力もある。

　このアフリカの角をめぐる内戦、紛争は一九八〇年から現在まで続いている。この地方の人口は約一五〇〇万人であり、そのうちの半数が旱魃を原因とする日常的な飢餓に晒されているが、それぞれの武装勢力は一向に権力闘争と闘いを止めようとしない。政治、宗教、思想などの対立が続き、政治形態、指導者はたびたび変わるが、勢力争いは続いている。

　一九八〇年代の終わりには、数百万人が飢餓にさらされ、国連は「平和回復作戦」というプランを作成、平和維持軍を編成し協力を求めた。その目的はまず子供の飢餓からの回復であった。

　これには数万トンの食糧を当時の首都モガディシオ周辺に集め、国連食糧危機委員会（WPP）の主導で国民に配布しようとした。基地となるのはアメリカ主導のPKFモガディシオである。この地には海に面した膨大な物資保管所があった。

　ここからトラックのコンボイでソマリア内陸に食料を配ろうとしたが、これは最初から難航した。

　まずこのコンボイが基地を離れソマリア国内に入るとすぐに現地の武装グループに襲われ、それから食糧を守ろうとした国連の職員四名が殺害される。次のコンボイは

ＰＫＦのパキスタン軍兵士が護衛に付いたものの、同じく襲撃され二四名が殺される事態となった。

その後、これらのグループを指揮していたとみられるリーダーたちをアメリカ軍が逮捕しようとしてその勢力を支持する民衆と衝突、アメリカ兵一八名と武装した一般人五〇〇人が死亡。この事件は映画「ブラックホークダウン」によって世界に知られた。

なおこのさい国民は国連ではなく、武装勢力の側についている。国連が企画した希望回復作戦はその魅力的なネーミングに係らず、完全に失敗となった。

これにより国連と世界はソマリアにおける活動を一切中止した。世界はソマリアに関して「レットイットビー、もはや勝手にさせておけ、もうほっておけ」と考え始めた。子供や婦人、高齢者の状況がどうであろうと、打つべき手がないのであった。

それ以前の一九八五年、当時の氏族が統括するソマリア政府はなんと国連に対して「宣戦布告」しているのである。

以前の国際連盟、現在の国際連合という組織に対して宣戦布告するなど我々の常識では理解不能と言うしかない。しかしそのソマリア政府もいつの間にか消滅し、この問題はいつしか忘れられた。

そしてソマリアの内戦と飢餓は現在も続いているが、世界はこの国への関心を失ったままなのである。一九八〇年以来続く内戦と飢餓によってアフリカの角地方の死亡者の総数は四〇〇万人に上っているとのことである。

その5　スエズ動乱

これまで述べてきた如く国際連合の平和維持活動（PKO）、国連平和維持軍（PKF）はいろいろな紛争、武力衝突の仲裁、停止のための行動に従事してきたが、その一方でこれといった成果を上げていない。それどころかアフリカのソマリアの場合には、数十名の戦死者を出してしまい、そのあげく目的は達成できず現地から撤退と言う事態さえあった。

その行動のうち、唯一成功し、国際的に評価されたのは一九五六年のスエズ動乱／第二次中東戦争の場合である。この戦争は世界で最も重要とされた地中海と紅海を繋ぐスエズ運河を巡るものであった。エジプト政府が突然運河の国有化を宣言したことに反発して、イギリス、フランス、そしてイスラエルがエジプトに武力侵攻、運河を英仏の管理下に置こうとすべく動いた。英仏は戦艦、航空母艦まで動員し、エジプト軍と衝突し、またイスラエル軍もエジプトと広大なシナイ半島の獲得を目指す。

軍事的にはエジプト軍は圧倒されるばかりで、運河地帯も占領されてしまった。しかし英仏の独善的な武力行使に世界は猛烈に反発、とくにソ連、アメリカさえ歩調を揃えた。

国連も即時に停戦総合決議九九七号を決定、ともかくこれにより戦火はとりあえず収まった。しかし再度の衝突も懸念されるとして、第一次国連緊急軍（ＵＮＦＦ）を組織し、現地に送った。この部隊は衝突の現場に投入され、休戦監視にあたる。ソ連、アメリカ、国連、参加各国の全面支援が効を奏し、戦闘は停止され、二週間後には英仏、イスラエルも撤収に至る。運河はエジプトのものとなり、またイスラエルが占領したシナイ半島も、元の持ち主に返還された。

このＵＮＦＦを提唱し、実現させたカナダのピアソン外相ならびにＵＮＦＦの行動が評価され、両者を対象としたノーベル平和賞が翌年授与されている。

国連の長い歴史の中で、ＰＫＯ、ＰＫＦ行動が国際的に評価された唯一の例であった。つまり国連が米ソを含んで一致団結すれば、戦争を停止させることが出来たのである。

しかしこのスエズ動乱の場合は、特別な例で、のちに米ソが一つの提案に揃って同調することはなく、国連の平和維持活動が充分な結果を打ち出す例は見られていない。

第3章　こうして戦争は幕を降ろした

その1　継続中の戦争を止めることの難しさ

ロシア・ウクライナ戦争からも分かる通り、継続中の戦争を止めることは容易ではない。

第二次大戦におけるドイツ、日本
フォークランド／マルビナス戦争のアルゼンチン
湾岸戦争のイラク

などのように一方の側が壊滅的な状況に追い込まれ、物理的に戦争を続けられないような事態になってしまい、その結果として降伏を受け入れ戦争が終わる場合もあるが、そうでないケースではなかなか戦争を止めることはできない。

特に戦っている片方に反戦、嫌戦の気運が高まり、そのため戦争が幕を降ろした例など、文中に載せた第一次大戦におけるドイツの例以外に見つけることが出来なかった。

どこの国家にもプライドがあり、そう簡単には矛を収めることが不可能なのである。たとえば昭和一二年から続いた日中戦争など、日本帝国としてどのような状況になったら勝利と認めるのかということも分からないまま戦争が延々と続き、毎年意味のない戦いで数万名の犠牲者が出ていても、国民、政府、軍部のどれもが戦争を止めようとはせず、また国内からそのような声は上がっていない。

本書でいくつかの例を紹介できたのは、戦争がともかく長引き、戦費も増大、死傷者続出にもかかわらず、勝利への見通しが全く見えず、このような状況が両方の側に生じ、仕方なく停戦／休戦に至った場合のみである。

また参戦国の反戦運動が戦争の停止に影響を与えた場合も極めて珍しく、しかもそれが戦争を止めた例もほぼ皆無である。

このようにいったん始まってしまったらどちらかの側が壊滅的な結果になるまで続くのが戦争であり、それだけに戦争の始まる前にともかく努力を重ね最悪の状況に至る前に、問題を解決しなければならないことがわかろう。

この章では戦争の終結に関してどちらかの側の降伏と言う形をとらず、戦争の幕を降ろした特異な実例を示す。

その2　兵士の厭戦気分が終戦を招く
――第一次世界大戦のドイツ海軍の将兵

人類最初の大戦争である第一次世界大戦は一九一四年七月末に勃発した。いわゆる同盟側にはドイツ、トルコ、オーストリア・ハンガリー、そして連合側にはイギリス、フランス、ロシア、アメリカ、イタリアが組し、この大戦争は一九一八年一一月まで続く。

この間の戦死者は軍人九〇〇万名、市民など七〇〇万人に上っている。一九一八年に入ると連合側の攻勢が著しく、同盟側の中心であったドイツの敗色が濃厚となった。

このような状況でもドイツ海軍の首脳は全艦隊を出撃させ、イギリス海軍に大打撃を与え、戦局を一変させようと画策する。

当時の海軍戦力は概数としてイギリス二、ドイツ一となっていた。

激しい海戦となれば、後者の不利はどうしても免れない。それでもドイツ海軍は無理やり敗北必須の決戦に挑もうとしていた。

この情報を摑んだドイツの艦隊乗組員は仲間とそれを共有し、出撃拒否という行動をとった。最初ドイツ海軍の指揮官たちは、彼らを逮捕し軍法会議にかけようとした。しかしキール軍港の水兵たちは団結して出撃拒否の態度を明らかにし、その動きはまず水兵、つづいて基地の兵士、そして二、三日のうちにキール周辺の陸軍部隊に広がっていった。

そして一週間もたたないうちに、全ドイツ軍のほとんどの兵士がこれに同調する。

実はこの頃にはドイツ軍の劣勢はすべての軍人、市民の目に明らかであり、すでに休戦、あるいは降伏もやむなしという雰囲気がドイツ全土を覆い始めていた。これによりドイツ首脳、当時の国王は休戦を選び、連合側と協議を開始する。さらにドイツ全土に食糧不足という事態が広がっていた。

そして四年も続いていた大戦も幕を閉じるのである。

もしキール軍港における出撃拒否という行動が行なわれていなかったら、戦争はまだ続き第二次大戦末期のごとくドイツ本土における最終決戦に至っていた可能性が高い。歴史家の予測では、この場合の死亡者は新たに一〇〇万人を超えていたはずとされている。艦隊乗組員の勇気ある行動が、悲劇から国民を救ったのであった。

また長い人類の戦争の歴史のなかで、現役の兵士の反戦行動により戦争に幕が下りたのは、このキール軍港の例だけのような気がする。

その３　戦線の膠着が休戦に直結した例
――朝鮮戦争

一九五〇年六月、北朝鮮軍三〇万名が三方向から三八度線を突破し、韓国に侵攻し、以後一〇〇〇日におよぶ朝鮮戦争が始まった。

不意を突かれた韓国軍は勃発後三日にして首都ソウルを失い、後退を続ける。ひと月後には釜山を扇の要とする橋頭堡に押し込められ、全滅の危機が迫る。

しかしようやくアメリカ軍を中心とする国連軍への大規模な補給が効を奏し、釜山は陥落を免れた。そして九月、国連軍はソウル近くの仁川に大規模な上陸作戦を実施し、これにより戦局は一挙に逆転する。

背後を突かれた北軍のうち、戦死者、捕虜、北への脱出者がそれぞれ三分の一という惨状である。その後北軍は国連軍に圧倒され、戦争はこの年のうちに終わるかに見えた。

ところが北の危機を知った中国軍が「抗美援朝　アメリカに対抗し朝鮮を助ける」を合言葉に大挙参戦。国連軍はこれに対抗できず後退を続ける。

そして一九五一年に入ると戦局は膠着状態に陥る。

中国、北軍は北緯三八度線の北方の山岳地帯に強固な塹壕陣地を築き、要塞化を進める。これにたいして国連軍も似たような体勢を構築した。そしてこの状況はその後二年半にわたって続くのである。

まず国連軍側がもし陣地から出て敵軍を攻撃しようとすると、堅固な陣地から猛烈な反撃を受けざるを得ない。しかも塹壕は幾重にもつくられているので、その突破には大損害を覚悟しなければならない。

一方、中国軍も自軍の陣地から出撃すれば、待ち構えている強力なアメリカ空軍の猛烈な爆撃を受けることになる。共産側はそれを阻止するのに有力な空軍を持っていないから、このような爆撃を防ぐ手段がない。つまり両方の側が動けないのであった。それでも数ヵ月に一度の割合で両軍は攻勢を試みるが、結果は予想される通りでしかなかった。

このような状況が永く続くと、共産側も国連側も次第にこの戦争を続けることに嫌気がさしてくるのは当然であった。戦争の勝利どころか自軍の戦域の拡大など夢に近い。

このため一九五二年に入ると休戦に関する期待が高まるのである。しかし会談が実現しても条件を少しでも有利に運ぼうと度々無理な攻勢が実行されている。しかしこれも損害続出の割には効果を挙げ得ず尻すぼみに終わってしまうのであった。

そして一年後ようやく三八度線を休戦ラインとする協定が結ばれ、一〇〇〇日に及んだ戦火が消えるのであった。しかしこの協定によって新たに決定した国境線は開戦以前とほとんど変わっていない。それではこの戦争で失われた数百万の人命はいったいなんのために失われたのか、歴史とはなんとも残酷なものなのである。

その4　決着がつかず嫌気がさして幕を降ろした戦争
――イラン・イラク戦争

戦場の様相は大きく異なるものの、形としては朝鮮戦争に似た形で終戦した戦いである。

一九八〇年九月、中東のイラクが突然隣国のイランを攻撃、丸八年続くことになるイラン・イラク戦争が勃発した。イラクが戦争を仕掛けた理由は国境の河の流域の領有問題、油田地帯の確保、宗教的軋轢などであった。

充分な準備を整え侵攻したイラク軍に対して革命後であったイラン軍の準備は充分でなく、最初の数ヵ月は押され続ける。とくに国境沿いの領土の多くを占領され危機が迫っていた。しかし人口ではイラクの二倍であり、とくに人的資源に恵まれていたイランは徐々に反撃に転じる。とくに歩兵主体の地上戦では、少しずつ奪われた領土を取り返すことに成功する。もっとも戦いは日ごとに激しさを増し、史上初めて、互いの首都に対する地対地中距離ミサイルによる攻撃さえ行なわれている。

それでも相手の国土に大軍で攻め込む、と言った状況には至らず戦域はもっぱら国境線の両側に限られている。

最初の一年が過ぎた頃から戦線もあまり動かず、膠着状態となった。この状況が長引いたため我が国では「イライラ紛争」などと揶揄する声も聞こえている。

ただ前線では前述のように地上戦が主体となっていたため、兵員の戦死、負傷は増加の一途を辿り、両方の軍は一〇〇万名を送り込み、死傷者の数は互いに五〇万名を超えると言う莫大な数にのぼっている。

さらに互いの軍隊は相手の首都を占領したり、領土の大半を占領するほどの戦力は持たず、前線における膠着状態が続いた。この様ななか国連は何度となく両国の指導者に対して停戦、休戦を提案し、開戦から八年後ついに両国は国連の決議第五九八を受け入れ戦争に幕を下ろした。

その一方でイラクは反対の側に立ったクルド人に対し、ジュネーブ条約で禁止されている毒ガスを大量に使用したが、これに対して国連は口頭警告しただけで、なんら制裁措置を講じていない。とは言うものの、形の上ではあるが国際連合が戦争を止めた数少ない実例である。ただしこれは述べてきたとおり、両国とも先が見えない手詰まり状態のなかで実現したことを忘れてはならない。イラン・イラクともこの戦争で得られるものは皆無であった。

この戦争はいろいろな形で周辺各国に影響を与え、それは停戦直後のイラクのクウェート侵攻、引き続いて湾岸戦争にも直結していく。

なおこの戦争の一つの象徴的な出来事を記しておこう。緒戦におけるイラン側の反撃のさい、イラク軍の地雷原の開拓の必要が生じた。しかし同軍は有効な兵器を有していなかった。このさい、革命防衛隊に所属していた青年たちは互いに肩を組み、国歌を歌いながら地雷原を行進し、我が身を犠牲にしながら正規軍に道を拓いた。この日の悲惨な光景は世界の関心を集めている。

その5　戦力の膠着が休戦に繋がった例
——旧ソ連のアフガニスタン侵攻

一九七八年一二月、一〇万名からなる旧ソ連の軍隊が、南にあるアフガニスタンに武力侵攻を開始する。この目的はアフガンの社会主義化であった。

これに対してイスラム教を信奉する同国の国民は激しく反発し、ここに約一〇年続くアフガニスタン戦争が勃発する。強力な軍事力を有するソ連軍に対してイスラム教徒は聖なる戦士ムジャヒディンを名乗り、アフガン全土で激しい戦いが繰り広げられる。

貧弱な武器しか持たないムジャヒディンだが、全土のかなりを占める険しい山岳地に籠り、有効な反撃を行なった。戦争はソ連軍一〇万名、それに協力するアフガン政府軍三〇万名対六〇万名前後のイスラム・ゲリラの戦闘となった。

アフガンは慢性的に農作物も不作気味の不毛の土地であり、現地では食糧、燃料などを確保することは全く不可能で、ソ連軍はすべてを本国から持ち込まなくてはならなかった。

このため大量のトラックを使用しての陸上輸送が行なわれたが、このトラックの隊列はイスラム勢力の絶好の目標となり、ベトナム戦争が「ヘリコプターの戦争」と呼ばれた事実と対比し「トラックの戦争」とされている。この戦闘で失われた車両は一万台を超えていた。

またアフガンでも多数のヘリコプターが使われたが、戦争の中頃からゲリラに対してアメリカが携帯型の対空ミサイル・スティンガーを供与し、ヘリの損害が急増する。ついにソ連軍は山岳地の陣地への攻撃のため、スカッドなどの中距離弾道弾まで持ち込んだが、それでもイスラム・ゲリラ勢力への有効な打撃を与えることに失敗している。

このような状況のなかソ連軍兵士の戦死者は一年あたり二〇〇〇名前後と少なくなく、このためソビエト本国でもアフガン戦争に反対する声が上がり、結局侵攻から一〇年近くが経過しても戦局は一向に好転せず、前線の兵士にも厭戦気分が広がり始めた。支配地域も政治形態も、侵攻当時と変わらないままであった。

これによりソ連政府もついにイスラムと岩山の国からの撤収を決定、一九八九年から本国への撤収を開始した。

アフガニスタン戦争はロシア人の戦死一・五万名、負傷者九万名、アフガン人の死者は兵士と民間人を合わせて一〇〇万人を記録して終わるのである。それでもアフガンの社会主義化は、まったく意味をなさないで終わっている。

なおこの侵攻の失敗により、ソ連邦は激震に見舞われ、政治形態は大きく変わり、間もなくソ連邦そのものが解体されるという運命を迎えるのである。現在から振り返るとソ連によるアフガン侵攻は、まったくなんの意味も持たなかったと言い得るのであった。

その6　勝利の目的とは
——アメリカのアフガニスタン対タリバン戦争

二〇〇一年九月一一日、イスラム過激派アルカーイダはアメリカに対して大規模なテロ攻撃を実施し、ニューヨークの貿易センタービル、国防省に大きな被害を与えた。この攻撃により約三〇〇〇人が死亡し、負傷者は二万人を越えている。

三ヵ月後アメリカは復讐ならびにイスラム過激派壊滅の目的から、アルカーイダを保護しているアフガニスタンのイスラム教徒タリバンに対して大規模な軍事行動に出る。約四〇万名のアフガン政府軍に加えて常時三万名のアメリカ兵および有志連合国の軍隊が駐留し、タリバン勢力を壊滅させるのが目的であった。

このアメリカのアフガン戦争は、その後二〇年にわたって続き、アメリカが経験した最も長い戦争となった。この間アラビア海からの航空攻撃、特殊部隊、大型爆撃機の投入などすべての兵科を用いたが、数年後アルカーイダの首領ビンラーディンの殺害には成功したものの、タリバン全ての壊滅には成功していない。そして毎年五兆円を超える戦費に加えて三〇〇名以上の戦死者が問題となり、一〇年を超えるあたりから国内から厭戦の声が出始める。

また前線の兵士からも、タリバンの構成員と一般の国民との見分けがつかない状況から、撤退を求める声が上がる。まさに大国アメリカにとっても終わりのない泥沼化した戦争であった。

アメリカにとってこの戦争に勝利する目的とはなんだったのであろうか。タリバンを根絶やしにするには、同国のイスラム信奉者のすべてを抹殺しなければならないのである。

ということはアフガンの国民の大部分を消し去ると言うことと同じなのである。どう考えてもこれは不可能である。このため二〇二一年アメリカはアフガンからの撤退を決定し、八月末を期限にこの砂漠と岩山の国から去っていくのであった。

しかもこの撤退は理由がはっきりしないが、極めて手際の悪いものとなった。あらかじめ期限がはっきりしていたにもかかわらず、実に七〇億ドルを超える軍需品が現地に残された。一二〇機の軍用機とくにヘリコプター、二〇〇〇台を超す車両のジープ、トラックがアフガン各地に放棄され、のちにその一部がタリバンによって、イエメンなどのアラブの反アメリカ勢力に売却される有様である。

さらにアメリカ軍が二〇年間にわたってこの国につぎ込んだ戦費は一一〇〇兆円という多額に上っている。我が国の国家予算が約一一〇兆円である事実を知ると、その一〇年分と言う巨額であることに驚きを禁じ得ない。さらにこの間の戦死者は七〇〇〇名であった。

これだけの対価を支払っていながらアメリカの得たものは何だったのであろうか。

たしかにアメリカによるアフガン戦争は、一九九〇年代のソ連によるアフガン侵攻と同様に目的を達成するどころか、何の利益もないまま時間と多大な予算／税金、そして人命まで失たことを、歴史に刻んだだけに終わったのであった。

その７　アメリカ国内の反戦運動は効果があったのか

――ベトナム戦争

過去において継続中の戦争を反戦運動が停止させた例はあったのか。継続中の戦争を、当事国の国内の反戦運動が停止させた例は存在するのか、反戦運動がもっとも激しかったベトナム戦争の状況から見ていこう。

インドシナ半島の大規模戦争は一九六〇年初頭から激化していた。ゴ・ジン・ジェム政権が支配する南ベトナム共和国であったが独裁色が強く、国民に対して常に強圧的であった。

この理由の一つは政権がカトリック系の人々によって支えられていたにも関わらず、国民の大部分は仏教徒であったことによる。しかし国際的には独立国で、多くの問題を抱えながらも存在していた。

一九六〇年代になって間もなく国内に速やかに完全な独立を願う南ベトナム民族解

放戦線が誕生し、反政府運動が活発化する。解放戦線は民族派と社会主義者からなり、民衆の支持を受けていた。隣国北ベトナムは南の社会主義化を狙い解放戦線を支持する。南の社会主義、共産化を阻止すべく一九六五年ごろからアメリカは大戦力をもってこの国に介入するのであった。ここにベトナム戦争が本格化する。

アメリカのマスコミは一九六〇年半ばまでアメリカ軍が解放戦線軍をたびたび撃破し、勝利は間近いむねの報道を繰り返し、アメリカ国民もそれを信じて、この戦争を支持していた。この状況が一変するのは一九六八年一月末であった。共産側の〝テト攻勢〟が開始され、アメリカ国民はこの戦争が容易ならざるという事実を思い知らされるのである。

全土の九〇パーセントで始まった大攻勢によって南におけるアメリカのシンボルである大使館が、解放戦線に占領される。さらにラオス国境に近い大基地ケサンが北軍によって包囲され陥落の恐れが出てきた。これまで聴かされてきた戦争は南、アメリカに有利に進んでおり、勝利も近いという情報とは一八〇度違っている。

この頃からアメリカ国内の若年層を中心に「戦争反対、早期撤退」が叫ばれ始めた。とくにアメリカの大学で、この声は大きくなり、さらに一部の大学生は送られてきた徴兵カードを燃やす動きも出始める。さらにベトナム戦争に反対する動きはアメリカだけではなく、ヨーロッパやアジアにも広がり始める。この動きがベトナムにいるアメリカ兵たちに伝えられると、前線で戦う兵士にも影響を与え始める。

実際、戦場では、強力な北ベトナム正規軍との対峙も本格化し、アメリカ軍の死傷者も急速に増加し始めた。このような状況に時のアメリカ政府も少しずつこの戦争の勝利を諦めるとともに、しだいに戦争から手を引く必要性を感じ始めるのであった。ただそれが国民全体の合意に至ることなく、戦いは続く。この時点でもアメリカ国民の約半分は戦争継続派であった。また国内では同時に進歩派対保守派の対立を増長させた。

そして北に大きな損害を強要し、その結果として休戦協定に持ち込むという方針が決まった。そしてその結果、実行されたのが北の首都ハノイに対する大規模爆撃ラインバッカー作戦である。

つまり単なる休戦の申し出では、北政府もまたアメリカの保守層も納得せず、まずは北に打撃を与えた結果の交渉となったのである。

このように見ていくと最大で数万人が参加してたびたび行なわれた反戦デモも、それ自体で戦争を停止させることは出来ず、「停戦を促した」ということに尽きよう。

歴史的に見て戦争の当事国で、この戦争の最中に反戦デモが遂行されること自体極めて希な現象であり、またそれが顕著な効果をもたらした例は歴史上皆無に等しいと言わねばならない。正直なところ、継続中の戦争を停止させることは非常に困難なのである。

その８　立ち上がった母親たち
——ソ連における反戦運動

別項で詳しく述べているが、旧ソ連は一九七九年一二月から八九年二月にかけて隣国アフガニスタンに大兵力を送り、イスラム教国の社会主義化を狙った。イスラム教徒はこれに反発し、ここに約一〇年にわたるアフガニスタン戦争が勃発する。ソ連は平均して一〇万名の兵員を駐留させ戦い続けるが、戦局は一向に好転せず、損害が増えていった。

この状況により八〇年代の終わりに至ると、社会主義国家ソ連国内としては珍しく反戦運動が起る。これを主張したのが「兵士たちの母の会」であり、戦場に送られた兵士の母親たちが一致団結したグループである。

アフガンの戦いでは、長引くにつれてソ連兵の犠牲者が急増、この情報がソ連本国に伝えられると、母親たちは各地で集会を開き、またマスコミに働きかけて、戦争の早期終結と兵士の帰還を訴えた。また共産国としては珍しく、数百人の女性がモスクワ市内でデモ行進を実施している。

この種の運動、並びに意志表示に関して、普通なら激しく取り締まるのが社会主義国の通例だが、この場合、相手が兵士の母親と言う点からある程度座視せざるを得なかった。母親たちを弾圧したり、逮捕したならば、間もなくその事実が前線の兵士たちに伝わり、強烈な反発、あるいは命令に不服従といった事態さえ考えられる。結果としてこの反戦運動は、ソ連国民に広く伝わり、折からの戦況不利も手伝って、全兵力のアフガンからの撤退が決定されたのである。

旧ソ連のことであり詳細は必ずしも明らかではないが、見方によれば、この母親たちによる戦争反対の運動は歴史的に見てもっとも効果的だったのかもしれない。

それともソ連軍上層部が撤退を考え始めた時期とタイミング的にうまく重なった可能性も考えられる。このイスラム教国との戦いで、旧ソ連軍は兵員一・五万名、各種車両四〇〇〇台、航空機一二〇機を失っているから、これ以上あまり意味のない戦いを続けたくなかったとも言える。幾多の戦闘で勝利したところで、イスラムの若者が存在する限り戦いが終わることはないと言うアフガニスタンの戦争であった。

繰り返すが、この母親たちによる反戦運動は、もしかすると戦史に残るほど効果的であったかもしれない。またこれ以外のどの戦争であろうとも、兵士の母親たちが自分の息子たちのために立ち上がった例が他にほとんど見られないのである。第一次、第二次大戦、朝鮮・ベトナム戦争でもこのような行動は見られなかった。ロシアの女性は本当に強かったのであった。

なお現在まだ継続中のロシア・ウクライナ戦争でも、この「兵士たちの母の会」は少しずつ戦争の縮小と兵士の帰還を訴えつつある。これが効を奏するかどうかに関しては、見極めるにはもう少し時間が必要だろう。

その9　一度の戦闘の大敗が休戦を呼んだ
――インドシナ戦争

一九世紀からフランスはインドシナ（現ベトナム）の植民地化に熱心であった。太平洋戦争中は日本軍がこの地方の支配権を握っていたが、戦争が終わると再びインドシナを手中に収めようとする。

これに対して現地の住民たちはベトナム独立同盟（通称ベトミン）を組織し、独立を目指し、ここに一九四六年からインドシナ戦争が勃発する。

最初のうちフランスは数万の正規軍と同じ数の植民地軍、外人部隊を投入し、ベトナムの地の大部分を占領した。しかしベトミン軍には中国から大量の武器援助が送られてきて、戦況は逆転する。

これを打破すべくフランス軍は、紅河デルタ地方の一角に大規模陣地を構築し反撃体勢をとる。

この陣地が、インドシナ戦争の天王山となるディエンビエンフーであった。この周囲を山に囲まれた盆地の中央にはかつて日本軍が建設した飛行場があって部隊の補給に好都合に思えた。フランス軍は戦車五台を持つ二万名の兵士をこの地に置いた。これに対してベトミン軍は五万名の兵士に加えて三万名の予備部隊、二万名からなる補給部隊を配備する。

戦闘は一九五四年三月一三日から開始された。最初からベトミン軍は豊富な兵員にものをいわせ、猛烈な攻撃に出た。とくに火砲の数ではベトミン軍が圧倒的であった。これに対してフランスは、空輸により兵力を増強しようと試みたが、対空砲により阻止されてしまった。さらにベトミン側は包囲網を狭めていき、圧力を加える。これによりフランス軍は陣地の中央部に押し込められ、ついに五月七日降伏する。

人的損害はベトミン軍の戦死八〇〇〇名、負傷者一・五万名に対してフランス軍のそれは二二〇〇名と少なかったが、最終的に残る一・八万名が捕虜となった。このディエンビエンフーにおける大敗北により、在インドシナのフランス軍はこの戦争を続けるだけの戦力、意欲共に喪失し、七月の終わりにはベトミン軍とジュネーブ条約を締結し休戦に至る。

これにより足かけ一世紀に及んだフランスのインドシナ半島の植民地化も夢と消え

大国が撤退した戦争　ベトナムとアフガニスタン

	アメリカ軍のベトナム戦争介入	ソ連軍のアフガン侵攻	アメリカ軍のアフガン駐留
開始〜撤退（年）	1964〜73	1978〜79	2001〜21
駐留の期間（年）	足かけ10	足かけ10	20
地　域	南ベトナム	アフガン中・北部	アフガン中央部
延べ投入兵員数（万名）	250	40	5.0
投入兵員数（万名）	35	10	1.0
戦死者数（万名）	5.8	1.5	0.3＋0.1
最終結果	協定により撤退	独自の判断で撤退	独自の判断で撤退

注：＋0.1 は民間軍事会社の隊員

てしまったのである。冷静に考えれば、大戦初期にドイツ軍に敗れたフランスが、本国から一万キロも離れた東南アジアに、この時期にあって、植民地を作ろうとすること自体に無理があったと言えよう。本国は疲弊しており、豊富な戦力を送る余裕もなかったのである。

ディエンビエンフーの戦いがこの野望を突き崩したのであった。また一度の戦闘の勝敗が戦争そのものを中止させた戦史上大変珍しい例なのであった。

しかしこの地方をめぐる戦争はまったく収まることなく、一〇年後には第二次インドシナ戦争とも呼ばれるベトナム戦争が勃発するのであった。そしてベトミン→南ベトナム解放戦線、フランス軍→アメリカ軍と主役は変わったものの、対決を迎え、この激しい戦争は一五年にわたって続くのであった。この状況から当時のインドシナ半島は二五年にわたり戦火の中に置かれ続けたのであった。

その10　大爆撃が戦争を止めた
——ベトナム戦争のラインバッカー作戦

インドシナ半島を揺るがせたベトナム戦争は、一九六〇年代の初頭から本格化した。最初は南ベトナム政府軍対南ベトナム民族解放戦線軍の戦いであったが、一九六〇年代の中頃からは前者にアメリカ軍、後者に北ベトナム軍が介入。戦争の規模は一挙に拡大する。

アメリカはこの戦争に最盛時五五万名と言う大兵力を投入するが、北軍は中国、ソ連の支援を受けて戦い続けた。一九七〇年代に入るとアメリカは泥沼となったこの戦場から手を引くことを考えるようになる。うまく運べば、たとえ短期間でも戦闘を停止できるかもしれない。

これには当然北軍との交渉が必須であるが、北の首脳はどうしても交渉のテーブル着こうとはしなかった。

そのためアメリカは実力で北に損害を強要し、休戦会談を実現しようと試みる。そこで考えられたのが、北ベトナムの市街地に対する大爆撃作戦である。

それまでも数年にわたりアメリカの航空部隊は北への爆撃（これは北爆と呼ばれた）を実施してきた。ただこのさい攻撃の対象となったのは、北の飛行場、交通路、燃料基地などであった。しかしこれでは効果が薄いとされ、この爆撃では首都ハノイの市街地が目標となった。大爆撃作戦はラインバッカーと名付けられ、一九七二年の一二月中旬から開始された。

超大型のボーイングB－52がグアム、タイ、南ベトナムに四〇〇機ほど集結、それぞれが三〇トンを超える爆弾を抱いてハノイに向かう。北軍はソ連製のガイドライン対空ミサイル三〇〇〇発を用意し、この爆撃隊を迎撃する。いったん爆撃が開始されるとその威力は凄まじかった。ハノイの市街地、周辺のインフラはすぐに焦土と化していく。そして大量に発射された対空ミサイルも効果を発揮し、一晩に六機のB－52を撃墜したこともあった。

しかし北政府はこのまま爆撃が続けば、首都は消滅する可能性も考え、ついにこの年の末に、和平交渉に応ずるむねの決定を示さざるを得なかった。強硬な爆撃は「打撃による平和」を得ることに成功したのである。しかしその代償として最終的に一三機の大型爆撃機の喪失があった。

年明けとともに交渉は本格化し、戦争の完全停止には至らなかったものの、アメリカはベトナムから撤退することが決まった。そのためその後の戦闘は南政府軍対解放戦線軍、北政府軍と形を変えるのである。結局、その二年半後、北政府軍は南の軍隊を完全に圧倒、勝利を得るのであるが、少なくとも爆撃後の戦闘は下火となった。ある意味でラインバッカーは充分効果的であったと、評価することが出来ると思われる。

ただ北政府は必ずしもそれを認めておらず、現在でもハノイ中心部には、当時を偲んで「B－52爆撃機大量撃墜記念公園」が設けられているのであった。

さらには第二次大戦の東京、ベルリンのごとく、敵国の首都を焦土、あるいは瓦礫の山にするような戦争は二度と起こらないと信じたい。

第４章

戦争に関するエピソード

ここでは現代の戦争に関連するいくつかのエピソードを取り上げるが、もっとも強調したいのは何ごとに関してもｒ「強引にやってしまった者の勝ち」と言う事実である。例えばイスラエル空軍によるイラクの原発爆撃、中国によるチベット占領、南シナ海の環礁獲得、アメリカによるイラク戦争など、国際法に違反しようが、国際的な反発が起きようが、自国の利益だけを優先し、実力を行使して自国の思う通りにしてしまえば、世界は結局のところ口頭あるいは文書などで抗議はするものの、それ以上の対抗、制裁手段など取ることはないと言う事実である。

正義や国際協定などすべて無力で「強い者がすべて欲しいものを得る」のである。いかにしてもこの傍若無人の行為、あるいは無法を正そうとしても手段は存在しない。無理に正常な状態に戻そうとするときには、やはり戦争を覚悟しなければならない。

このような事実をどこの国であっても、認識する必要がある。

またロシア・ウクライナ戦争の場合など、侵略したのはロシアであるが、この国にも一応の言い分は存在する。

一方、南シナ海における中国の進出は全く正当性がない。誰も領有権を主張しないのであれば、それは自分のものであるという言い分を良しとしてすべてを占領し、自国の領土として基地を造成する。ここでも「やったもん勝ち」理論の実践である。これはもう人類の規律の限界を越えており、どうにも解決の方法はなく、現状を認めるしかない。

よく問題の解決は話し合いで、と言われるが、話し合いの気運が熟する前に物事は決定してしまうのである。

このさい国際司法裁判所に訴えることになろうが、この組織は両方の側が同意しないと審議に入ることがかなわず、たとえ判決が出たとしてもそれを執行するだけのなんの力も持っていないのである。

このような現実にどのように対処すべきか、したがって本章では事実を紹介するだけに留めざるを得ないのである。

その１　誤った情報に踊らされたイラク戦争

一九九〇〜九一年にかけてイラク対多国籍軍のあいだで勃発した湾岸戦争。この戦争はイラクによる隣国クウェート占領に対する制裁と言う意味から国際連合も認めた軍事行動であった。多国籍軍には三〇ヵ国が参加し、この行動に対する反対も皆無に近かった。

それから一二年後の二〇〇三年、同じくイラクを舞台とする戦争が起こる。これがイラク戦争である。

これにはアメリカ、イギリスを中心に、多国籍軍ではなく有志連合軍が結成され、フセイン大統領率いるイラクに全面的な攻撃に踏み切った。

この理由はイラクが国連の決議に反して核兵器を所有しているという情報によるものである。アメリカはイラク国内の強制探査を要求し、これが拒否されるとイギリスを抱き込み、新しい戦争に踏み込む。

しかし戦争に勝利し、その後あらゆる手段を講じて探し回っても、イラクから核兵器を見つけ出すことはできなかった。つまり核の保有と言う情報自体が誤っていたのである。

事実戦争に至る前からフランス、ドイツ、ソ連、中国などからも保有の事実は確認できないと言われていながら、アメリカは強引にイラク戦争（第二次湾岸戦争とも呼ばれる）に持ち込んだのである。

この戦争によりイラクと言う国は完全に崩壊、フセイン大統領は反政府勢力により絞首刑となった。このような結果にアメリカ、イギリスの国内から猛烈な反発が起こる。

これは当然で、偽情報に踊らされて国連の承認も得ないまま独立国に侵攻、国を滅ぼすと共に両方の側並びにイラクの民間人に多くの犠牲者を出している。

さらに戦争の後、イラク国内の混乱は続き、その後数年にわたり毎年数千名の死者を生ずる有様である。

この状況があっても結局、アメリカの首脳をはじめ誰一人責任を問われることなく済んでしまっている。国際的な正義などどこにも存在しないのであった。強いて言えばイラクの情勢はその後一〇年にわたり混乱を極め、その安定を目的として同国に駐

湾岸戦争における各国の戦死者と戦費

	戦死者（名）	投入戦費（億ドル）
アメリカ	294	360
イギリス	47	
サウジアラビア	18	360
エジプト	11	
アラブ首長国連邦	6	
シリア	2	
フランス	2	
クウェート	1	
日　本	0	130
ドイツ	0	70
その他複数の参加国	——	500

留したアメリカ並びにイギリス軍部隊は、それに反発する勢力による攻撃を受け続けることになり、あわせて七〇〇〇名と言う多大な戦死者を記録している。

これもそのきっかけとなる情報を確認せず、安易に戦争に踏み出した指導者にあるのではないだろうか。

その2　戦後、ドイツとイタリアは戦争を経験しているのか

日独伊三国同盟を締結し、第二次世界大戦を枢軸側として戦ったドイツとイタリアそして日本であるが、戦後八〇年近くこの三ヵ国は戦争を体験しているのであろうか。「戦争を体験」の意味を戦死者を出しているかどうか、という点から検証する。

我が国の場合は別項で青年一名の死亡を説明しているが、他の二ヵ国の場合はどうなっているのであろうか。

先の大戦で戦争の犠牲者に関しては、ドイツは軍人の死者二六〇万名、市民一二〇万人、イタリアは三〇万名、一五万人である。前者は日本と異なり全土で地上戦まで行なわれたので、国土の荒廃ぶりは日本を上回った。このような状況で日本は安保条約、憲法第九条などにより戦後は一切戦争に巻き込まれずに来ているが、この独伊の場合を検証したい。

両国とも国柄か、我が国のように理想論に捉われず、かなり自由度を持った軍隊を

組織した。ドイツでは東西冷戦の舞台となっていたこともあって、戦後かなり早い時期から徴兵制を施行している。

さて、両国の軍隊の概要から始めよう。どちらも総兵員数は二〇万名弱となっている。組織としてはドイツが陸海空の三軍からなりドイツ連邦軍と称しているが、イタリアの場合、他国とは大きく異なっている。陸海空軍とは別に〝憲兵隊〟というもう一つの軍事組織と二本立てなのである。

一般的に憲兵隊とは軍隊内の犯罪を取り締まる役割を持つが、イタリア憲兵隊は、軍隊と警察の中間的な意味合いで、装備としては装甲車、迫撃砲なども持っている。かつて韓国にはやはり同様な意味合いから〝野戦警察〟と呼ばれる組織が存在した。

両国とも軍隊が誕生してから、一貫して一つの姿勢をとり続けている。それは国連並びにNATOという二つの国際組織に全面的に協力すると言うものである。ある時には停戦監視団、RKO活動に加えて、要請があれば部隊の派遣もごく普通に行なっている。これは一九六〇年代からそれぞれ十数回にわたっている。

またこのさい地元の武装グループと小競り合いがあり、これまでにドイツの場合二〇名が、イタリア一一名が戦死している。平和維持活動とはいえ、時には戦闘もやむを得ないのであろう。国連のレポートを見ると両国のPKFは世界中の紛争地域アフリカ、バルカン、中南米などに部隊を送っているが、それもジェット戦闘機、軍艦といった重兵器も含まれている。

湾岸戦争では国連の承認のもとに編成された多国籍軍に参加し、両国とも新鋭のトーネード攻撃機を十数機派遣し実戦に参加させた。また、これはコソボ紛争の際にも同様で、戦闘機、攻撃機に加えて補給用の輸送機、フリゲート艦も派遣された。

さらに両国の軍隊が大きな犠牲を出したのが、9・11の大規模テロ以降のアフガニスタン紛争である。アメリカ主導で行なわれたアフガニスタンのイスラム過激派勢力の殲滅のため、十数ヵ国が延べ二〇年にわたりこの地に軍隊を送っている。このときにもイスラム・ゲリラとの戦闘が頻発、どこの国の軍隊も戦死者を出している。

ドイツが約五〇〇〇名を駐留させて五四名が戦死、イタリアは四〇〇〇名を駐留、四八名が戦死という結果である。これは駐留中にかなり激しい戦闘があったことを示している。

このアフガン駐留は、国連もしくはNATOの要請ではなく、アメリカ政府からの依頼であった。このようなケースでは、ドイツ、イタリア政府はどのような基準に従ってアフガン派遣を決定したのであろうか。我が国では思いもよらぬ事例で、明確な決断は不能だったに違いない。

それにしても国連からの要請があった時、

・我が国の法律を盾に断わるのが正しいのか

・多くの条件をつけながら協力するのが正しいのか

ドイツとイタリアが幾多の戦死者を出しながら、ＰＫＯ、ＰＫＦに協力する決断を下しているが、どちらの場合も国民の完全な納得と承認は得られているのである。

その3　ウクライナの両刃の剣について

現在紛争中のウクライナがソビエト連邦の崩壊によって独立したのは一九九一年の事であった。それまではソ連邦の一員として対NATOへの戦力の一部を担っていた。この当時、ソ連はウクライナに戦略弾道弾IRBMあるいはICBM三〇基を配備していた。いずれも中程度の威力の核弾頭付きであった。しかし同国は独立にさいして、この三〇発をソ連／ロシアに返還してしまった。

この時点でもしウクライナが弾道ミサイルを返却していなかったら、二〇二二年の二月以来続いているロシアとの戦争はどうなっていたのだろうか。

この状況は国家の安全を核武装に頼った場合の絶好の研究材料である。

戦争勃発後約三ヵ月、ロシア軍はウ国の首都キエフ／キーウ攻略を目指し圧力を加えつつあった。幸運にもウクライナは、通常戦力を駆使し、ロ軍を撃退することに成功している。

①最初の仮定

もしウクライナ軍が核ミサイルを保有し続けていたとしたら、ロシアはウ国に侵攻したどろうか。この場合、ウ政府が危機に陥ったとしたら核を使用する可能性も考えられるから、ロ軍の戦略は全くかわったものになったであろう。もしかすると武力侵攻は行なわれず、違う形でウクライナの主権を握ろうとしたに違いない。核戦争の危険を避けるため侵攻は行なわれなかったと考えるのが普通だろう。

このように考えるとウクライナ国家の核武装は戦争の勃発を防いだかもしれない。

②次の仮定

戦争の幕が上がってからしばらくして、首都陥落が現実のものになったとき、ウ政府首脳は自国を守る目的から核の使用に踏み切った可能性もある。接近してくるロシア軍の主力を核によって殲滅させれば、ウクライナは生き残ることができる。もし使わなければ、ウクライナとロシアの間の戦力の差は極めて大きいから、二〇二三年の春の終わりにはキーウは陥落したかもしれない。

これまでの歴史から、ロシアはウ政府の首脳を処刑する可能性も決して少ないとは言えない。

となれば、核を用いてロシア軍の主力を壊滅させようとしたことであろう。このように考えるとロシアも当然核で反撃したはずである。つまり米ロの核戦争ではなく、地域戦争であるにもかかわらず核戦争が勃発したかもしれない。

こうなると①の仮定とは異なり、核の保有によって国家が滅びた可能性も出てくる。

まさに二つの仮定は相反するものであり、国家の安全のために核を保有するべきかどうかの判断の材料となろう。

つまりあるケースでは核は戦争を防ぎ、場合によっては悲劇をもたらすのである。この戦争でロシアの政治家の一部は、戦況が少しでも不利になると、すぐに核使用の可能性に言及してくるのである。彼らは核戦争の可能性を忘れているのであろうか。それは場合によっては世界を滅ぼすのである。

その4　イスラエルによるイラクの原子炉爆撃事件

世界はこのような軍事行動に関して、手を拱いているだけだった。

一九八一年六月七日、イスラエルの軍用機一四機が離陸し、ヨルダンとサウジアラビアの国境上空を東にむかった。一トン爆弾二発を抱えたF－16ファイティングファルコン戦闘爆撃機八機を、F－15イーグル戦闘機がエスコートしながら間もなくイラクのタムーズに建設中のオシラク原子力発電所に殺到し、爆撃を開始する。

投下された一六発の爆弾のうち一四発が命中、その後もイスラエル機は迎撃を受けることなく全機が基地に戻ることが出来た。オシラク原発はほとんど全壊状態で、兵士一〇名、フランス人技術者一名が死亡している。

この爆撃行はバビロン作戦と呼ばれ、歴史上初めての原発攻撃として歴史に残った。この作戦が実行された理由として、イラク政府がイスラエル攻撃を見据えて原爆製造に走ったと考えたイスラエル政府の予防攻撃によるとされている。

しかしこれは確実な証拠によるものではなく、イスラエルの思い込みに近いものであった。実際にイラクが核兵器の製造を目指していたかどうかについてははっきりしない。

さらにこの原発の稼動を支援していたフランスの思惑もあった。フランスはオシラクの原爆開発を認めていたのだろうか。このあたり当然かもしれないがフランス政府は沈黙を守ったままである。さらにイスラエル政府は、原発の開発に係わった技術者の暗殺さえ試みている。

それにしても宣戦布告もなしに、また確固とした証拠もなしに他国の施設を爆撃することがはたして許されるのだろうか。イスラエル政府は爆撃した事実を明確にしているのである。そしてヨルダン、サウジの領空侵犯も認めている。

この軍事行動に対して欧米各国は一応抗議を表明したが、国連も含めて具体的な制裁は行なっていない。また中東の反イスラエルを標榜する国々も制裁、反撃をしないままであった。この理由はいったいどこに求めるべきであろうか。このオシラク原発であるが、再建工事が実施されたものの、のちには湾岸戦争のさい、多国籍軍によって再度破壊されている。

これが許されるのであれば、〝予防攻撃〟が今後も予想される可能性が出てくる。

例えば常に北朝鮮の長距離ミサイル、核兵器によって常日頃から恫喝されている日本は、それが現実味を帯びてきたとき韓国、アメリカが手を組んで、北のミサイル、核兵器の開発、製造施設を破壊することも許されることになる。

これが実際に行なわれるとは思わないが、このように自国の思い込みのみで、他国の施設を軍事力を用いて破壊することが問題なしとされるのであれば、安易に実行される恐れも無きにしも非ずであろう。この危険は常に存在している。

ある面、ロシアによるウクライナ侵攻も同様に考えられる。隣国の政治形態が自国の脅威になると思えば、軍事力を用いてその体制を自国の有利になるように行動するのであった。この場合でもそれに対する各国の制裁は、侵攻を止めるだけの力は持ってないのである。

なおイスラエルは現在自国の核兵器の開発、保有に関して口を噤んだままである。

その5　原爆投下　アメリカの言い分、日本の言い分

一九四五年八月のアメリカによる広島、長崎への原爆投下。

これに関して毎年八月になると必ず巻き起こる議論がある。それは投下の正当性に関するものである。広島で二〇万人、長崎で八万人の非戦闘員が殺されているのであるから、投下の正当性などあるはずはないと思うが、それでも加害者アメリカとしてはいくつかの反論があり、それは必ずしも無視できないところもある。

これまで、この大事件に関して日米の意見が出されているが、きちんとした分析が見られなかったという印象もあって、ここで検証したい。戦争における行為に関しては必ずいくつかの意見や正当性を巡る議論があり、それを検証することは絶対に必要なのである。

日本側の言い分①

なぜアメリカは日本の降伏がまぢかになっているような状況で原爆を投下したのか。

日本海軍の戦力はすでに壊滅、首都東京をはじめ、主要な都市は爆撃によって瓦礫の山となり、大日本帝国の戦力も戦争の継続が難しい状況に立ち至っていることはアメリカも知っていたはずである。このままでも日本の降伏は時間の問題だった。

アメリカの言い分①

大日本帝国の戦力が大幅に低下していたことは承知しているが、それがすぐに降伏とつながるかどうかは不明である。海軍は無力だが、陸軍はまだ主力を残していた。戦後の調査でも中国大陸に一〇〇万、朝鮮半島に六〇万、台湾に三〇万、日本本土に六〇万名の兵士が無傷でおり、加えて二〇〇万名の学生などからなる郷土防衛隊が存在した。また陸軍の上層部は海軍のそれ以上に好戦的であった。したがって結局、日本本土に侵攻しないかぎり戦争は終わらない可能性が大きかった。

アメリカの組織例えば戦略局（OSS）などの予想によれば、

・九州地方にアメリカ軍が上陸して、全土を占領したあと降伏

アメリカ側の戦死者七万名、日本側の死亡者一六万人

・関東地方に上陸後、全土を占領したあと降伏した場合

アメリカ側の戦死者六〇万名、日本側の一〇〇～二〇〇万人

である。実際、ドイツ政府は東からソ連軍、西からアメリカ軍などが国境を越えて

殺到し、敗戦が明確になっても降伏していない。日本も本土決戦を主張する勢力が必ず存在し、ドイツのような状況になると思われた。こう考えると原爆の威力を日本の政府、軍部に見せつけることによって降伏を促し、その結果数百万人の生命を救うことが出来たと考えることもできる。この状況から正当性を主張したいというものである。

逆に考えれば、原爆の投下なしに、日本はこの時点で降伏したのかと問いたい。これに対する答えは、永遠に見つからないはずである。ともかく当時の日本は降伏か、本土決戦か、五分五分の状況にあったとみるべきで、原爆投下は間違いなく、降伏をあと押ししたのである。

アメリカの言い分②

ソ連への威嚇。一見関係なさそうに思えるが、原爆の投下は別な面から日本を助けた事実がある。

昭和二〇年の八月初旬からソ連は日ソ不可侵条約を一方的に破棄して満州に侵攻している。そのほか千島への侵攻など、ソ連の国土拡大への野望は留まるところを知らないと言った状況であった。

ヤルタ会談でもソ連は日本への侵攻を画策していた。当時の情報でも八月二四日を期して北海道に上陸作戦を行ない、可能であれば、北海道の全土を、これが無理としても日本海側の留萌市と太平洋岸の釧路市を結ぶ線の北側をソ連の領土にすべく、動き出していた。

当時ソ連は連合軍側にあったが、すでに米ソの対立は始まっていた。ソ連の北海道占領にアメリカが反対したときには、軍事衝突が起こる可能性さえあった。この場合、アメリカが力を見せつけて軍事的優位を立証する目的から、原爆の威力をソ連政府に見せつける必要があった。

短期間のうちに二発の原爆を連続的に投下することによって、ソ連の北海道領有の野望を諦めさせたのである。ソ連は原爆の開発に着手していたものの完成にはまだかなりの時間が必要で、アメリカのこのような威嚇に対して打つ手がなかったのであった。

この「原爆投下はソ連に対する威嚇であった」とする分析は、現在でもアメリカではごく普通に知られている。二〇二三年春という時期であっても、ロシア政府の一部の高官は、北海道はもともとロシア領であると発言している事実からもロシアのこの地に対する執着が見て取れる。

日本の言い分②

なぜ広島に落とし、数日と言う短期間で長崎に投下したのか。アメリカの言い分は言うまでもなく、連続して投下することによって、日本軍の上層部に「アメリカはこの種の兵器を豊富に持っているのではないか」と思わせるためである。

仮に広島だけだったら、日本は降伏しなかったかもしれない。

日本の言い分③

投下する前に予告は出来なかったのか。アメリカ軍は日本の都市爆撃のさい、目標となるいくつかの都市に対して予告のビラを撒いた例がある。それならば広島、長崎の住民に予告することはできなかったのか。これによりかなりの市民が助かった可能性がある。

アメリカの言い分④

やはり通常の都市爆撃と異なり、原爆投下については秘密裏に行ないたかった。予告により迎撃戦闘機や高射砲により爆撃機が撃墜され、万一にでも爆弾が日本側の手に堕ちれば、原爆の秘密が明らかにされ、アメリカにとって、計り知れない損失である。

実際に日本においても核兵器の研究は行なわれていた。戦争が長引いた場合、日本が原爆を作る可能性も考えられた。

日本の言い分④

原爆を日本に投下したのは有色人種に対する蔑視が根本にあったのではないか。ともかく広島で二〇万人、長崎で八万人が死亡している。蔑視が関係者の間に皆無だったとは断言できない。

しかしアメリカは例えばドイツの首都ベルリンに対して度々大規模な爆撃を実施し、一度の空襲で一〇万人のドイツの市民が焼死したという事態もあった。またニュールンベルグなどに関しても一夜で数万人も死んでいる。このことから人種差別はなかったと言いたい。

日本側の言い分⑤

市街地ではなく、デモストレーション的な投下はできなかったのか。

広島には大規模な軍事的な施設はなく、陸軍の一部と軍需品の貯蔵施設があるだけ、また長崎は造船所があるものの、どちらの場合も投下は軍事目標ではなく、市街地に向けたものであった。このため多くの市民が犠牲となった。

つまり投下の目的は〝軍事上の戦果〟よりも、日本の上層部に向けての原爆の示威を狙ったものだったと考えられる。

戦果よりも示威を目的とするのであれば、より効果的でかつ一般人の犠牲を少なくすべきであった。

デモの場合、例えば次のような場所へ投下すべきであった。一例をあげれば、東京湾に突き出た千葉県の富津岬への投下である。

地図をみればすぐにわかるが、ここは陸軍の要塞になっていて民間人の居住区は全くない。西一〇キロには日本海軍最大の横須賀軍港があり、北一〇キロには木更津海軍基地がある。

また爆発の状況は東京からもはっきり確認できる。つまりこの場所を投下地点に選べば、一般人の犠牲は最小限で、日本側の海軍、陸軍に原爆の威力をまぢかに見せつけることが出来る。

投下地点の選定のとき、このように民間人の犠牲を極力少なくし、かつ威力を知らしめる地点を選ぶという議論は米軍首脳の間に、存在しなかったのか。

アメリカ側の言い分⑤

たしかに先のような状況を考えると、どうしても日本本土に原爆を投下しなければならないとしたら、富津岬を選ぶのが最良の選択だったかもしれない。

この意見は傾聴に値する。現在であれば、可能なのかもしれない。しかし戦争中であり、そこまで気が回らなかった、と言うのが本当のところであろう。またこのように考えると、広島、長崎ではなく、富津岬にあまり間隔を空けず、連続的に投下するのが最も効果的だったかもしれない。またソ連への牽制と言う意味では新潟なども同じである。

第5章

継続中の戦争を止めるための提案

二つの戦争を止めるかもしれない休戦、和平への提案である。

先にも述べた通り二つの戦争を止めるべく、出来る限り具体的な案を提示する。

本書のまえがきでも触れているが折鶴的なものではなく、またガザ戦争では民間人の犠牲を失くせ、またウクライナロシア戦争では一刻も早くロシアは撤収すべきというような総括論ではなく、ともかく具体的、議論の対象となる方策を記す。蟷螂の斧でもゴマメの歯ぎしりであることは重々理解しているが、それでも和平に向けた一つの意見として見てほしい。

現在悲惨な戦争が続いているのはロシア・ウクライナ戦争と中東のガザ地区である。後者の戦争については国際的に適当な呼称が存在しないことから、暫定的にガザ戦争と呼ぶことにする。

ごく普通の小市民である筆者が、国際的な戦争停止に向けた提案をすることはあまりに僭越であり、その資格などあるはずもない。

しかしマスコミによる連日の戦況の推移を見ていると一向にどの国、どの組織からも具体的な提案はされていない。この間にも両軍の死傷者は増えつづけ、とくにガザ地区に関しては毎日平均的に一五〇人が犠牲となっている。中にはもちろんかなりのハマスの戦闘員もいると思われるが、大多数は子供や女性を含んだ一般の市民である。

このような事実を知ると、停戦に向けた一つの提案を市井の人が行なったところで、なんの障害にもならないどころか、場合によっては議論の叩き台の一つになる可能性も考えられる。このように考えると、僭越極まる、あるいは余計な口出しという非難にも耐えられる気がする。

繰り返すが、我が国の政府もマスコミもこれまで一度としてこの二つの戦いに関する具体的な和平提案を提示したことがあるだろうか。単に戦争をやめろ、民間人を殺すなと言ったところで、休戦、和平の条件を示さなければ、戦争は終わらないのである。

そのため微力を顧みず、ともかくこのような提案があったと言うだけのためにもこの第五章を執筆した。

なお、現在も続いている二つの戦争の地域性、歴史、勃発の原因などの詳細はいずれも類書にゆだねることにしたい。ここではあくまでも停戦、休戦、和平に向けた条件の提示にとどめる。

それでは今世紀に入って激しさを増す中東の紛争に関して、その複雑さと悲劇性を一つだけ掲げておく。

それはかつてのイスラエルの首相、国防相を務めたイツハク・ラビンの暗殺である。

彼は当時にあって相変わらずイスラエルと周辺の反イスラエル武装グループの対立に心を痛め、直接対峙していたパレスチナ解放機構（ＰＬＯ・アラファト議長）およびレバノン政府と和平交渉の場を設けた。数度の面倒な交渉を重ねた末、両者はオスロ合意と呼ばれる休戦条約に調印する。少なくとも一時的ながらこの地に平和がもたらされたのである。

ラビンは他の協力者とともに一九九三年にノーベル平和賞を受賞している。しかしこのあとイスラエルに戻ったラビン首相を悲劇が襲う。首都テルアビブで遊説中に、合意に反対するユダヤ人の青年によって銃撃され死亡した。

これだけ中東の平和に向けて努力を重ね、国際的に高い評価を受けた人物が暗殺されると言う事実に、中東問題に関する根深い混乱と怨念が如実に表われている。

その1　ガザ戦争への提言

今から約一〇〇年前、第一次世界大戦の終わり頃、中東地域を統括していたイギリスは、パレスチナと呼ばれる地中海に面した土地に関して、戦後の管理に関する協定の決定を下した。詳細は類書に任せるが、それらは、

・フセイン・マクマフォン協定で、この地での国作りはアラブ人に任せる

・その翌年にはバルフォア宣言で同じくユダヤ人に任せる

という矛盾に満ちたものであった。以後これらはイギリスの「二枚舌外交」と呼ばれ、パレスチナ騒乱の原因となるものである。

第二次大戦後ユダヤ人は第一次中東戦争に勝利し、その地に念願のイスラエル建国に成功する。これは第二、三、四次の戦争を経て独立国の地位を確立する。

これに対してアラブ／パレスチナ人による建国はままならないまま数十年が過ぎ去り、悲願はまったく成就していない。いくつかの反イスラエル組織が台頭し、同国へ

の小規模な攻撃が繰り返されるばかりである。そのたびにイスラエルは自国の存続が危ぶまれると考え、過剰な反撃を行なってきた。

今回のガザ戦争もイスラエル国内に存在するアラブ人の自治区「ガザ地区」に本拠を置く反イスラエル武装組織ハマス（イスラム抵抗運動〝情熱〟）によるものである。彼らは二万五〇〇〇名の兵力を持ち、多数の地対地ミサイル／ロケット弾を発射して、イスラエルの都市に損害を与えた。

これに対しイ軍は三〇万名にのぼる正規軍を投入し、ハマスと言う組織全体の壊滅を図る。戦闘自体は最初からイ軍が優勢で、ガザ地区に侵攻しハマスの構成員を殺害する。しかしその過程で多くのガザの住民が巻き添えになり数万人の犠牲が出ている。なにしろガザ地区は南北五〇キロ東西一〇キロと言う狭い地域に二〇〇万人以上の住民が暮らしており世界でも珍しい高い人口密度である。当然この地における戦闘となれば民間人の犠牲は多数にのぼる。新聞報道によればハマスの戦闘員一名の戦死に対し民間人三人の割合で犠牲者が出ている。

ここでようやく本題に入る。今後数ヵ月をかけてイスラエルがハマスの全面的壊滅に成功したとしよう。しかしその後には北の隣国レバノンに本拠を置く、武装組織ヒズボラ（神の党）との対決が待っている。ヒズボラは三万五〇〇〇名以上の兵員を要しているからハマスより強力な組織である。しかもレバノンという独立国の内部に組織を置いているからイ軍としてはすぐに侵攻してこれを攻撃することはできない。

無理押しすればレバノン、そして東のシリアと本格的な戦争になる可能性が高い。さらにイラン、イエメンなどにいる反イスラエルグループがこの地に集まり、協力してイスラエルを攻撃する可能性がある。こうなると大規模な第五次中東戦争となるだろう。

これを阻止し、かつこの地に平和をもたらす和平はどのようにすれば実現できるのであろうか。

この唯一の方策はイスラエル領内、とくにレバノンに隣接する地域にパレスチナ人の国を認めることである。そのかわりパレスチナ側は自治権を有するガザ地区ならびに広大なヨルダン川西岸地区を完全に放棄し、イ側に返還する。イ側としては全土二万二一四〇平方キロの二七パーセントの国土を失うのは大きな痛手ではなるが、パレスチナ人の自治区となっていたガザと西岸地区を完全な領土にできるのであるから必ずしも納得できないわけではない。

つまり北部に作られる新国家パレスチナの面積は約六〇〇〇平方キロ程度で、これはガザ地区の面積三六五平方キロプラス西岸地区五八六〇平方キロに準ずる。

もちろん前地区の人口二〇〇万人＋西岸三五〇万人は時間をかけて新国家へ移る。当然住居なども整備されなければならないが、これは国連が責任を持って行なう。

このパレスチナ地方の二ヵ国案はアメリカのバイデン大統領が強く提案しているものである。これこそ永久的にパレスチナ問題を解決する最上の提案と言えるだろう。

問題はイスラエルを率いるネタニヤフ首相が反対していることで、少しでも国土を割譲することに国内にも反対者が現われ、下手をすれば故ラビン首相の二の舞になりかねない。しかしこれを実現すれば、各地に存在する反イスラエル勢力もその存在価値を失い、さらに第五次中東戦争の恐れもなくなるとなれば、イスラエルは平和を手にし、繁栄に向けて前進することが出来る。

このことから日本政府としてもアメリカ政府、国連と共にパレスチナ二ヵ国案を全面的に推し進めるべきと考える。

反イスラエルの武装兵力と対峙するためにイ軍は正規軍三〇万名、予備兵力同じく三〇万名を抱えている。同国の人口は約九五〇万人と少ないから、この軍事費の負担は極めて大きい。平和安定となれば、この兵力は大幅に減らすことが出来るから、その分労働力に余裕が生まれる。これも大きな魅力であろう。現在続いているロシア・ウクライナ戦争、朝鮮半島における南北対立、台湾を巡る有事などと比べれば、パレ

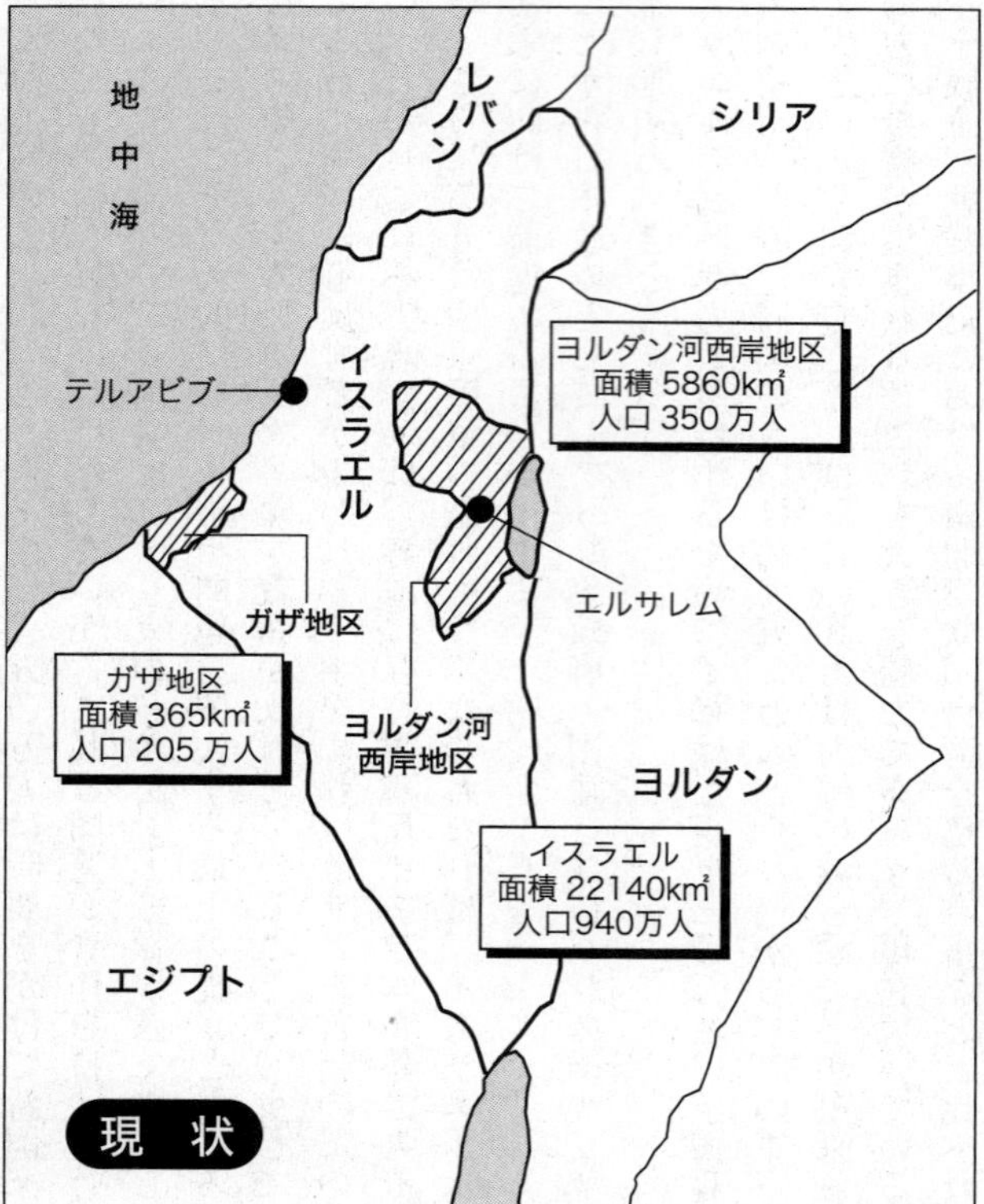
地中海
レバノン
シリア
テルアビブ
イスラエル
ヨルダン河西岸地区
面積 5860km²
人口 350 万人
エルサレム
ガザ地区
ガザ地区
面積 365km²
人口 205 万人
ヨルダン河
西岸地区
ヨルダン
イスラエル
面積 22140km²
人口940万人
エジプト
現 状

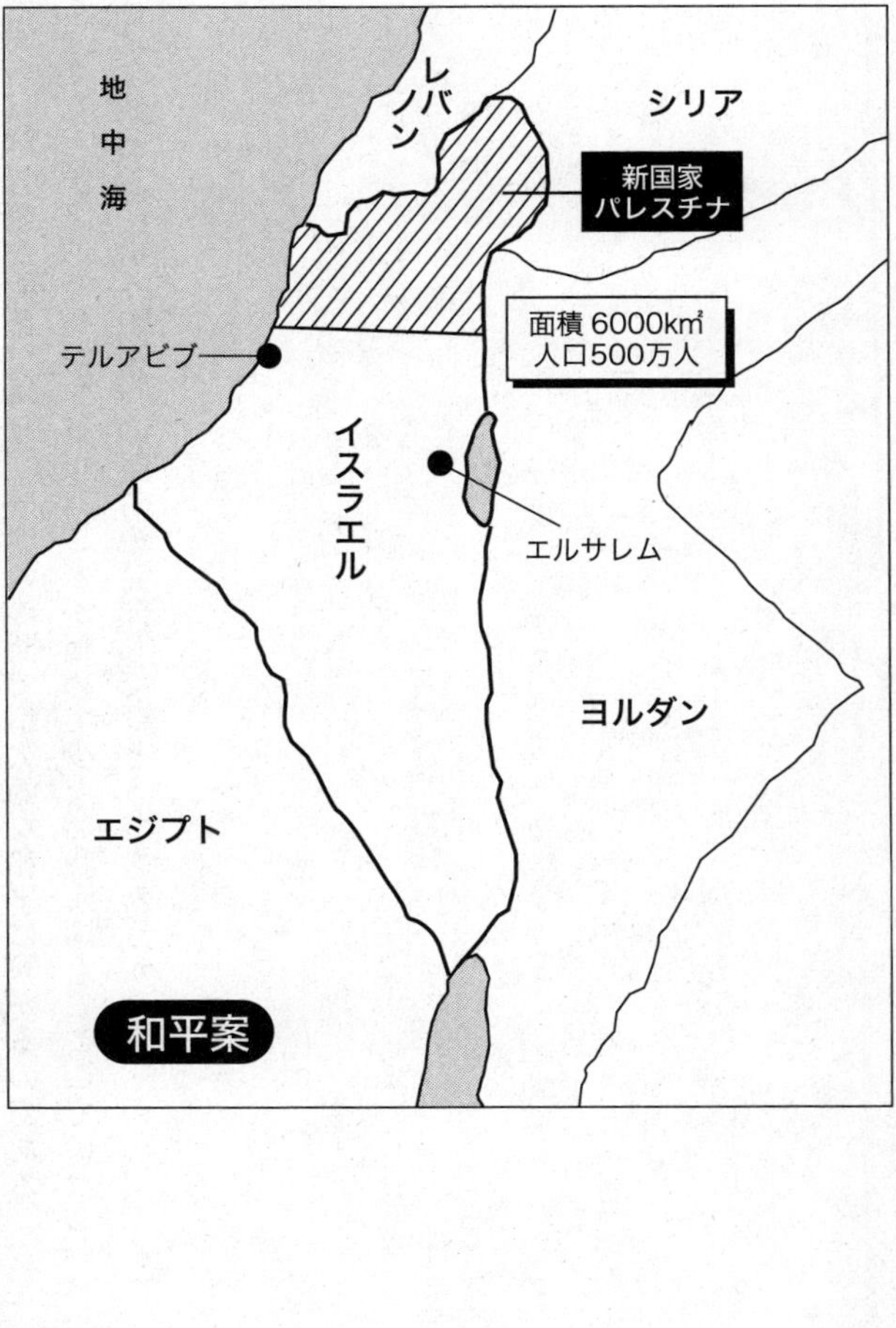
地中海
レバノン
シリア
新国家
パレスチナ
面積 6000km²
人口500万人
テルアビブ
イスラエル
エルサレム
ヨルダン
エジプト
和平案

スチナの紛争は解決策が明確であり、一つの決断で恒久的な和平に繋がるのである。経済と異なり、国際的な提言を行なうことが極めて少ない我が国も、ここではっきりと意見を表明し、世界平和への努力を発揮してはどうであろうか。

その2　ロシア・ウクライナ戦争の休戦／和平案

二〇一四年、ウクライナの首都キーウでいわゆる〝マイダン革命〟が起こり、これによりロシアとウクライナの関係は短時間で悪化する。西側への接近をはかるウクライナに対してロシアは神経をとがらせ、厳しく対応することになる。

まず直後にロシアはそれまでウ側に所属していたクリミア半島を自国に併合、その後ドンバス戦争を引き起こし、ウクライナ領内のドネツク州にドネツク人民共和国、同じくルガンスク州にルガンスク人民共和国を誕生させる。

そして二〇二二年二月、兵員三〇万名、戦車、装甲車など三〇〇〇台をもって、ウクライナに武力侵攻し、全土の占領とゼレンスキー政府の転覆を画策した。

これに対してウクライナ側は欧米からの兵器援助を頼りに反撃し、戦線はたびたび移動しながらもその後は第一次世界大戦の西部戦線と同様な形の膠着状態に至る。

そしてこの状況は、数ヵ月はおろか、数年にわたって続きそうな気配である。

これを記している時点で戦争勃発満二年経っているが、ロシア側三一万名、ウ側一七万名の戦死者、負傷者を記録しながら、戦争は続いているのである。

この現実を前に、世界はこの戦争に関心を失いつつあって、どこからも停戦/和平の声は聞こえてこない。国際連合はたびたびロシアに対して即時撤退を要求するが、当然無条件の撤退などあり得ない。

どうもこの戦争の停戦の条件提示は、前述のガザ紛争などより数段困難と言えよう。しかし現在において両軍合わせると一日当たり少なくとも三〇〇名程度の軍人ならびに数十人の民間人が死亡し、破壊と殺戮の状態を停止させるべく、無駄と知りながらとりあえず条件を提示してみる。もちろんどのような条件が提案されたところで、どちらかが納得するはずもない。さらに一〇〇パーセント満足する案など存在しないと思われるがとりあえず次のごとく考える。

・最大の争点であるクリミア半島はロシアに帰属させる。これが実現しない限り戦争は終わらない。ウクライナはこの巨大な半島を奪還することは不可能。
・ウクライナ東部のドンバス四州からロシア軍は完全に撤退する。当地のロシア系住民のうち希望する者はロシアが国内で引き受ける。
・ロシアはウクライナの現政権の存続は認めるものの、NATOへの加盟は断念させせる。

簡単にまとめてしまえば、これに尽きるが実際にはこれでも問題山積である。ウ側はクリミアの譲渡には応じないだろうし、ロシアは引き渡さない。ドンバスからのロシア軍の撤退はもしロシアが応じたとしても、二つの地域が納得しない。場合によっては独自に反撃すると主張するかもしれない。

このように考えると和平や休戦は夢のまた夢で、戦争はだらだらと数年にわたって続くことになろう。

それではこのような状況下でどのような終わりを迎えるのだろうか。

まず考えられるのは国力、人口の大差によりウクライナ側が敗北することか、あるいはロシア国内で、あまりに多くの若者が死に、国力の疲弊が増大し、もう停戦すべきとの声が上り、それが実現すること。

もっとも恐ろしい予想は、ウ側が西側の兵器によりロシアの侵攻軍の主力を壊滅に追い込んだとすると、ロシアは戦術核を使用する可能性である。もしこれが一度でも使われれば、NATOあるいはアメリカは核を持って反撃し、世界の終末戦争に突入する可能性も捨てきれない。事実ロシアはたびたびこれについて言及している。最悪の可能性は、繰り返すが、ロシア軍戦術核の使用、NATO軍同じく戦術核で対応、続いてロシア軍戦略核使用、アメリカが戦略核で応酬、第五次世界大戦、世界の終焉である。これだけはなんとしても避けなくてはならないから、可能性のあるロシア・ウクライナ戦争を休戦あるいは停戦に持ち込む必要がある。

このことから先の停戦条件を再度検討し、和平への道を探ってみよう。当然記述は重複となるがご了承いただきたい。

①クリミア半島の帰属

ロシアのものとする。ただしロシアは継続的にウ側に対価を払う。この呼び方をなんとすべきか分からないが、数年にわたり数百万ドルの原油あるいは食糧を必ず支払う。ウクライナはこれを戦争で破壊された国の復興に当てる。支払いに関しては国連が保証する。

②ドネツク、ルガンスク共和国について

ロシアはドネツク、ルガンスク人民共和国をそのままに、それ以外のウクライナ領から完全に撤退する。この地方の住民はロシアに移住するか、ドンバス地方に留まるか、自身で決定する。前者に関してはロシア政府が責任を持つ。

またウクライナ領内に位置する二つの共和国は国際的に認められておらず、当然領内から排除されても良いような気がするが、住民は親ロシアの武装勢力からなり、こ

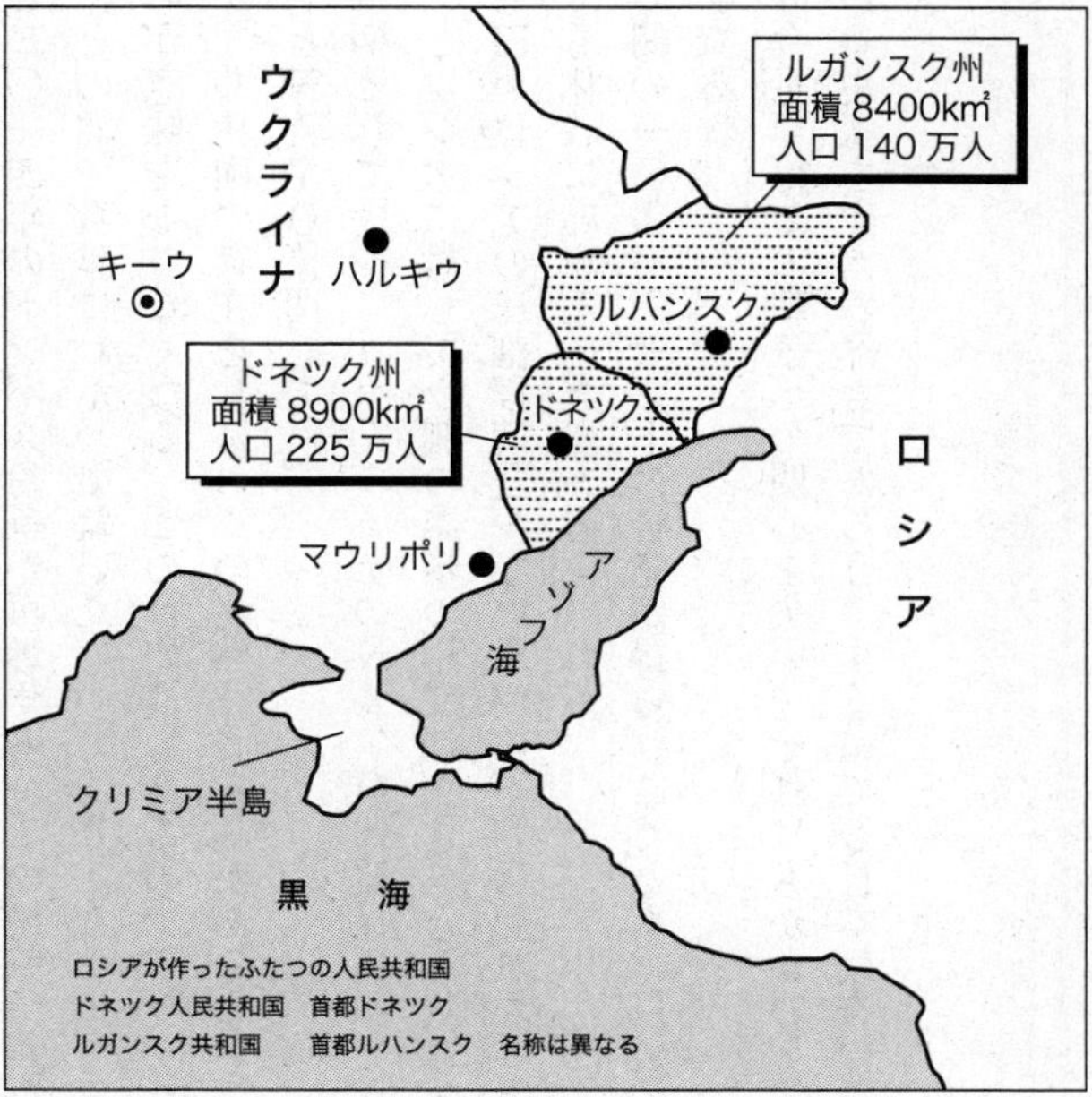
ルガンスク州
面積 8400km²
人口 140 万人
ウクライナ
キーウ
ハルキウ
ルハンスク
ドネツク州
面積 8900km²
人口 225 万人
ドネツク
ロシア
マウリポリ
アゾフ海
クリミア半島
黒　海
ロシアが作ったふたつの人民共和国
ドネツク人民共和国　首都ドネツク
ルガンスク共和国　　首都ルハンスク　名称は異なる

れを強要すると二〇一四年のドンバス紛争が再燃する。この紛争は親ロシア勢力とウクライナ正規軍との間で数年にわたって続いたものであり、この地で再び紛争となれば休戦そのものが意味をなさなくなる。この可能性もあるので、ウクライナとしても納得しがたいが、共和国の存在をしばらくの間黙認するしかあるまい。

③ウクライナとNATOに関して

前述以外の事柄としてはやはりウクライナのNATO加盟見送りであろうか。

以上見ていくとロシアに対してウ側の譲歩の程度が大きすぎる気もするが、戦争が永く続くほど人口がロシアの三割程度と少ないウ側の不利は免れないと思われるから、不本意であっても休戦に応ずるべきだと考えられる。

そして両方の側の一〇〇パーセントの合意が得られなくとも、以上の条件で取りあえず休戦すべきである。

この件でも昨今世界はこの戦争への関心を失い、それにもかかわらず死傷者が日々増加の一途を辿る現状を変えるべきであろう。すぐにでも日本政府の働きかけを期待したい。

その3　台湾有事を止め得るかもしれない人質

近年中国経済の崩壊の可能性が囁かれ、その反動のように人民解放軍の台湾武力侵攻も声高に叫ばれている。

ともかく中国の首席、解放軍参謀長が、これを主張しているのだから、この恐れは十分ある。別項に示した如く、中国軍と台湾軍の戦力は数十倍の大差があるから、いったん全面侵攻が開始されたら、勝敗はあらかじめ予想できる。

しかしここでは夢想あるいは絵空事であることを十分承知の上で、ある戦争防止の策について戯言に等しいアイデアを記しておきたい。

○三峡ダム人質論

台湾が攻撃された際、反撃するのは当然だが、そのさい一つの提案として〝三峡ダム〟人質論を述べておきたい。

すでに良く知られているように三峡ダムとは、世界最大の河川長江の中流に造られた巨大なダムおよび水力発電所である。その規模たるや我が国の常識の範疇を超えて、超巨大と言う一言に尽きる。

ダムによって造られた貯水池の長さは実に五七〇キロ、貯水量は二二〇億トン、水位の高さは一七五メートルに達する。また発電量は二二五〇万キロワット、この数字だけでは見当がつかないが、標準的な原子力発電所の発電量が一〇〇万キロワットだから、原発二〇ヵ所分を超える。この発電量は中国全土の一〇パーセントに近い。

下流には人口二〇〇〇万人の上海、一〇〇〇万人の武漢といった大都市、一二〇ヵ所の町や村が点在する。

さてこの三峡ダムであるが、所在地は湖北省である。台湾の首都台北から直線距離で一一〇〇キロ足らず、現代の軍用機ではそれほどの長距離とは言えない。

万一中国の台湾侵攻がまぢかに迫ったら、台湾政府として「もし侵攻が開始されたらこの三峡ダムを破壊する」という通告はいかがであろうか。

数機の戦闘爆撃機、あるいは中距離弾道ミサイルが、核爆弾ではなく通常の爆弾を用いて、ダムを破壊する。これが成功した時に、中国側が受ける損害は甚大なものになろう。発電能力は壊滅、さらに大規模な洪水が発生し、その被害は前述の上海、武漢に及ぶ。多分史上最大の水害になるであろう。また発電量激減により多くの産業は

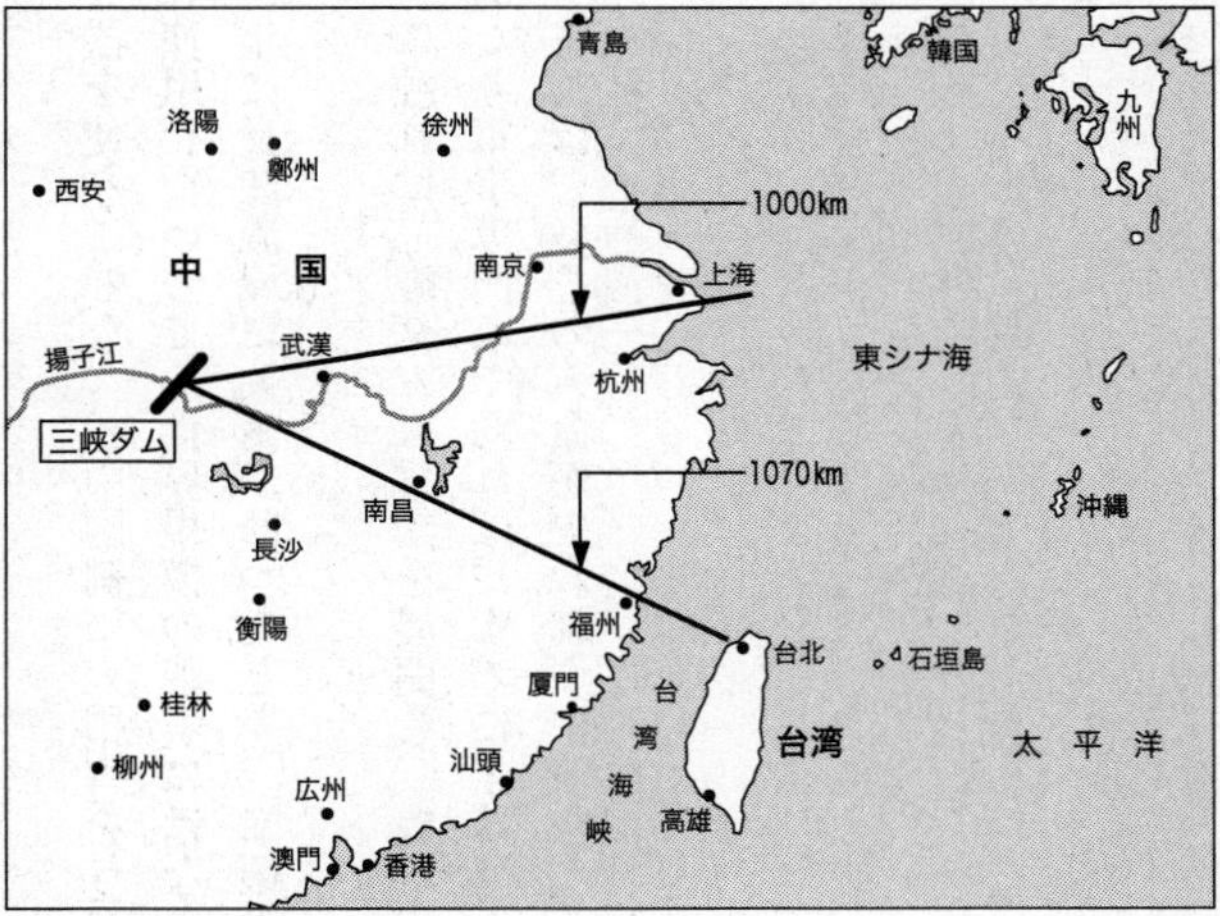
青島
韓国
九州
洛陽
徐州
鄭州
西安
1000km
中　国
南京
上海
揚子江
武漢
東シナ海
杭州
三峡ダム
1070km
沖縄
南昌
長沙
衡陽
福州
台北
石垣島
厦門
台
桂林
湾
台湾
太　平　洋
柳州
汕頭
海
広州
高雄
峡
澳門
香港

停止を余儀なくされる。

台湾側としては核兵器を使うことなく、中国側に大損害を与えることが可能となる。さらに特殊な兵器を使用しないので。世界規模の戦争にはならない。

三峡ダムは二〇二〇年に長江流域に大雨が降ったとき、崩壊の恐れが新聞を賑わせたという事実も残る。

台湾政府としては折に触れ、三峡ダム人質論を展開し、戦争阻止に役立ててはいかがであろうか。このあたり軍事専門家であれば、すでに了承済みと思えるが、これによって台湾有事がおさまれば、多くの人命が失われずに済むことになろう。

あとがき

永い教員生活から定年退職を迎えたが、すでにその後十数年の歳月が流れた。

この間多くの方々の協力を得て執筆に取り組み、戦史、兵器の解説、戦略、戦術の解説など数十冊の書籍を上梓することが出来た。

そして傘寿を迎えた頃から、もう少し方向を変えたテーマを執筆してみたいと考えるようになり、その結果生まれたのが本書である。

また、いろいろな分野で国防に関し忌憚のない意見を述べている。例えば平和を願う多くの人々によって作られる折り紙の鶴に関する議論など、場合によっては多くの反発を覚悟しているが、どうしても本音を隠すことはできない。

さらに自衛隊の戦力の根幹を揺るがす定員、また予備自衛官の不足など、我が国の安全にかかわる問題に関しても触れた。

さらに個人としては僭越だと思うものの、ロシア・ウクライナ戦争の和平案なども微力を顧みず提案している。

これなどはすでにこの戦争に関して、多くの類書が出版されているが、どれも和平案について言及していないことを歯がゆく思ったからである。

このように本書は、ともかく、いくばくかでも我が国の平和のために役立てば、との思いから生まれたものである。

その内容の賛否は別として、まず目を通していただくことを願っている。さらにこの後も永く、我が国が平和の中で暮らしていけることを。

二〇二四年一二月

著者

NF文庫書き下ろし作品

NF文庫

「千羽鶴」で国は守れない

二〇二五年二月二十日　第一刷発行
著　者　三野正洋
発行者　赤堀正卓
発行所　株式会社　潮書房光人新社
〒100-8077　東京都千代田区大手町一-七-二
電話／〇三-六二八一-九八九一(代)
印刷・製本　中央精版印刷株式会社
定価はカバーに表示してあります
乱丁・落丁のものはお取りかえ致します。本文は中性紙を使用
ISBN978-4-7698-3390-1　C0195
http://www.kojinsha.co.jp

NF文庫

刊行のことば

第二次世界大戦の戦火が熄《や》んで五〇年――その間、小社は夥しい数の戦争の記録を渉猟し、発掘し、常に公正なる立場を貫いて書誌とし、大方の絶讃を博して今日に及ぶが、その源は、散華された世代への熱き思い入れであり、同時に、その記録を誌して平和の礎とし、後世に伝えんとするにある。

小社の出版物は、戦記、伝記、文学、エッセイ、写真集、その他、すでに一、〇〇〇点を越え、加えて戦後五〇年になんなんとするを契機として、「光人社NF（ノンフィクション）文庫」を創刊して、読者諸賢の熱烈要望におこたえする次第である。人生のバイブルとして、心弱きときの活性の糧《かて》として、散華の世代からの感動の肉声に、あなたもぜひ、耳を傾けて下さい。

＊潮書房光人新社が贈る勇気と感動を伝える人生のバイブル＊

ＮＦ文庫

大空のサムライ　正・続
坂井三郎
出撃すること二百余回――みごと己れ自身に勝ち抜いた日本のエース・坂井が描き上げた零戦と空戦に青春を賭けた強者の記録。

紫電改の六機　若き撃墜王と列機の生涯
碇　義朗
本土防空の尖兵となって散った若者たちを描いたベストセラー。新鋭機を駆って戦い抜いた三四三空の六人の空の男たちの物語。

私は魔境に生きた　終戦も知らずニューギニアの山奥で原始生活十年
島田覚夫
熱帯雨林の下、飢餓と悪疫、そして掃討戦を克服して生き残った四人の逞しき男たちのサバイバル生活を克明に描いた体験手記。

証言・ミッドウェー海戦　私は炎の海で戦い生還した！
橋本敏男
田辺彌八ほか
空母四隻喪失という信じられない戦いの渦中で、それぞれの司令官、艦長は、また搭乗員や一水兵はいかに行動し対処したのか。

『雪風ハ沈マズ』　強運駆逐艦 栄光の生涯
豊田　穣
直木賞作家が描く迫真の海戦記！ 艦長と乗員が織りなす絶対の信頼と苦難に耐え抜いて勝ち続けた不沈艦の奇蹟の戦いを綴る。

沖縄　日米最後の戦闘
米国陸軍省 編
外間正四郎 訳
悲劇の戦場、90日間の戦いのすべて――米国陸軍省が内外の資料を網羅して築きあげた沖縄戦史の決定版。図版・写真多数収載。